灵魂肉

下

李载禄博士

URIM
BOOKS

目录

自序
踏上第二次灵魂肉之旅

1 广博的属灵空间

2 属灵空间中的灵魂肉

3 超越人类的极限

本书所引圣经经文取自

《现代标点和合本》

自序

我自从接待耶稣基督开始，殷勤读经、祷告，苦苦探求神深奥的心意。我为此献上了无数的禁食、祷告，满了七年，终于蒙神的应允，如愿以偿。开拓教会之后，神使我在圣灵的感动中领受对疑难经文的解释，并将有关灵、魂、肉的信息细致入微地启示于我。当领受揭开人的根本、使人发现自我的宝贵信息、闻所未闻的深层属灵奥秘之道时，我的喜乐实在无法言喻。

灵魂肉的信息开始传讲之后，从海内外传来许多蒙恩的见证，持续引起热烈反响。借此，人们不仅明白获得真生命的方法，发现了自我，认识到人的本质，许多疑难经文豁然开朗。立定了"以主的心为心，成为属灵人"的目标，得以热心向着标杆奔跑。

"因此，他已将又宝贵、又极大的应许赐给我们，叫我们既脱离

世上从情欲来的败坏，就得与神的性情有份。"（彼得后书1章4节）

中国古代兵书之一———《孙子兵法》中有一句话叫做："知彼知己者，百战不殆"。意指了解对方，了解自我，才能百战不危。灵魂肉之道使人深入剖析自我，了解自身的本质。因此只要将此道消化吸收，便对任何一种人都能予以理解。并能掌握治理黑暗势力的方法，过得胜的信仰生活，不再因为无知而受无形的搅扰。

尤其下册详细揭示创造主神的本质、广博的属灵空间、将来我们灵魂的安居之所———光的空间。为了便于理解神的形像，以及空间的概念，里面附加了彩图。我们若悟透空间的奥秘，成为神所喜悦的全灵的人，超脱人的极限，就可以运用神的空间，并能得见神的形像。因此耶稣曾说"我所作的事，信我的人也要作；并且要作比这更大的事……"（约翰福音14章12节）。

在此向为本书的出版付出辛劳的编辑部宾锦善部长及全体同工深表谢意。但愿此书能够给广大读者带来灵魂兴盛，凡事兴盛，身体健壮的祝福。切望各位读者借以此书能够具备进入光的空间的资格，尽情体验奇妙无比的神的空间。

2010年 3月

李 载 禄 博士

踏上第二次灵魂肉之旅

"愿赐平安的神亲自使你们全然成圣。

又愿你们的灵与魂与身子得蒙保守，

在我主耶稣基督降临的时候，完全无可指摘。"

（帖撒罗尼迦前书5章23节）

如今网络虚拟空间是向所有的人敞开的，然而，按照各人对电脑原理的掌握程度和网络操作水平的高低，应用网络虚拟空间的程度会呈现差异。同样，我们对神的空间了解的程度越深，越能深悟《圣经》上的诸多奇迹事件背后的奥秘，并能在生活中经历到神奇妙的作为。

《圣经》上的许多事件，有助于我们理解神的空间。以司提反执事为例，他在遭众人乱石击打殉道之时，看见天开了，人子站在神的右边（使徒行传7章56节），因为神为他打开了第四层天的空间。使徒彼得因传福音的缘故，被捕下在内监时，经天使的帮助获得解救；使徒保罗被人捉拿，下在腓立比监狱的时候，也经历到类似的情形。这些都是神打开第三层天的空间，差遣大力的天使，断开锁链，打开狱门所成的事。

我们只要成就全灵的心，就可以时常应用神的空间，在地我们便没有难成的事了，而且将来能够得进天国新耶路撒冷，得享永恒的幸福与欢乐。然而，一个尚未进全灵的人若要得着应用神空间的机会，他必须要充足相应的公义的条件。此书充满着空间中展现的无穷灵界的奥秘。

:: 本书的特征 ::

1. 使人深悟元本之神在耕作人类获得真儿女的旨意中，区分空间与维次，以及光明与黑暗的慈爱。当我们接待耶稣基督为主，凭着信心活出真理的时候，就能得享光明之子的权柄，得以进入美妙的光的空间。

2. 光的空间——天国，从乐园到新耶路撒冷有不同层次的好多住处，在那里我们将具有完整的灵体。届时我们具有散发绚烂美妙光彩的灵性的身体，得享充满幸福与欢乐的永恒天国的生活。这就是神为我们预备的礼物。

3. 我们唯独靠着神的能力，才能模成神的形像，成为神的真儿女。靠神的能力，我们可以进入美妙的光的空间，在地上也能超越人的极限，经历到令人神往的权能的作为。

广博的属灵空间

创世以前在天上发生过什么事?
光的空间与黑暗的空间是怎样形成的?

"神就是光,在他毫无黑暗。这是我们从主所听见,
又报给你们的信息。"
(约翰一书1章5节)

"歌颂那自古驾行在诸天以上的主。
他发出声音,是极大的声音。"
(诗篇68篇33节)

黑暗与光明

除了我们眼看得见的光明和黑暗以外,
在广博的属灵空间里也存在着光明与黑暗。
那么,神允准黑暗空间存在的原因是什么?幽暗世界的主宰是谁?

广博的属灵的空间和元本的神

神立定耕作人类的计划

元本的神成为三位一体的神

神创造天使与基路伯

路西弗的反叛与挫败

神分开光暗的旨意

孩提时代，在院里的板床上铺一张席子，躺在其上遥望星空数点星星，数着数着不知不觉中睡着了……我想许多人都有类似的回忆。宇宙中不仅有这样可以眼见的星星，还有无数肉眼看不见的繁星。那么宇宙到底有多大呢？

宇宙的大小，当今尖端科学也未能测出。因为那是无限广袤的世界。像我们这赖以生存的地球一样的无数行星聚合形成太阳系，包括太阳系在内的星团、星云等无数的天体聚合成巨大的银河系，这样的银河系又云集成银河群，这样的银河群又聚合成小宇宙，众多小宇宙合起来又形成大宇宙，亦即我们平常所谓的巨大的宇宙空间。

囊括地球的太阳系，若与巨大的银河系相比，不过是沧海一粟罢了。而且，一个银河系，若与整个宇宙相比，充其量也不过是一个小点而已。然而，这一靠最尖端的科学设备也难以测度的广袤的宇宙，若与属灵的空间相比，便也不过是其极小一部分的一个属肉的空间。

除了我们赖以生存的广袤的宇宙空间之外，还有与之不同境界的属灵空间无限延伸。《圣经》上有关诸天的记载支持这一说法。

"看哪，天和天上的天，地和地上所有的，都属耶和华你的神。"（申命记10章14节）

"你，惟独你，是耶和华。你造了天和天上的天，并天上的万象，地和地上的万物，海和海中所有的，这一切都是你所保存的；天军也都敬拜你。"（尼希米记9章6节）

那么，诸天的来历是什么，创世以前在天上发生了什么事？追溯到创世以前的岁月，亦即我们所认知的宇宙和银河系存在之前的岁月，那时的宇宙和现在的宇宙截然不同，是极其博大的空间，肉界和灵界尚未区分。

广博的属灵空间和元本的神

"广博的属灵空间"是指太初元本的神所怀蕴的整个元本的宇宙。这里"元本的神"是指创世以前以光和声音的形式存在的神；"元本的宇宙"是指元本的神曾独居的宇宙。

那么，元本的神太初是以怎样的样式存在呢？想象一下广袤无边的宇宙中充满着绮丽的众光如波荡漾的情形。如约翰一书1章

5节所说"神就是光",太初神以极为绚丽璀璨的光存在,遍满整个元本的宇宙。

有一现象有助于我们理解元本之神的样式,那便是"极光"。极光是在南极和北极上空大气中出现的发光现象,呈红色、绿色、黄色、紫色、粉色等绚丽光彩。人亲眼目睹极光之壮丽奇观,必会给他留下永远难忘的回忆。

正如罗马书1章20节所说:"自从造天地以来,神的永能和神性是明明可知的,虽是眼不能见,但藉着所造之物就可以晓得,叫人无可推诿。"神造极光的本意是:叫我们在寻求元本之神的奥秘时,看着极光的奇观能够感悟到神太初所存在的样式。

在如波荡漾的光中含着清澈、透亮的极大声音,这就是太初元本之神所存在的样式。有没有听过顺风传来的声音?我们可以联想远处的海浪波涛之声乘着海风隐隐传来的情形。如同声音顺风传来,元本的神以光中含着声音的样式存在。不过元本的声音并不是从某处传来,乃是从神元本的光里发出来。如同声音顺风扩散,元本的声音也同着元本的光而扩散,遍及整个宇宙。

人听到神的声音,将会成为他永远难忘的回忆。我也好几次听过神的声音,那声音极为清澈、透亮。启示录1章15节里,将主的声音形容为"众水的声音"。表示那声音极为清澈、宏亮。总之,神元本的声音清澈、透亮、甘美,是极大的声音,足以震动整个宇宙。

约翰福音1章1节说:"太初有道,道与神同在,道就是神。"这里太初自有的"道"，便是"元本的声音"，是从神元本之光里发出来的。在此经节里，以"道"这一声音的本质来形容神，因为声音是道的表现形式。如果说"道"是内容，那么"神"就是为其内容所取的名。神的本质是"道"，这道以光和声音的形式呈现，并充满整个元本的宇宙。

神立定耕作人类的计划

时间的无限的延续中，在某个时点，独居的神立定了耕作人类的计划。"若有一种对象，能够了解这广袤的宇宙及我的心意，并能与我分享爱与被爱的幸福；我将心里的感动向他传递，他也能够为之交感相应，又将其情感向我倾诉，会是多么幸福美好！"如此，神愿意得到一个能够与祂一同感受宇宙中的万有，并且一同分享真爱的对象。神立意创造崭新的局面，立定旨在获得真儿女的耕作人类的计划。

那么，神为了耕作人类，最先做的事情是什么呢？以光的形式存在，遍及整个元本之宇宙的神，凝聚于灵界的顶点，成为一光。在元本的光凝聚的同时，不同维度的诸天也被造成。这里"天"相当于"宇宙空间"的概念。元本的宇宙本是一个，但元本的神凝聚为一光的时候，另外的宇宙便被形成。遍满整个元本宇宙中的元本之光，凝聚于灵界的顶点的同时，按着光的强度，形成了诸多不同的空间。

以前，在元本的宇宙中，无论任何一个方位上的光，强度都是一致的，然而从那以后灵界顶点的光度聚为最强。比方说：将一万个一样亮度的灯泡均匀地设置在圣殿内部，那么殿内随处应该都是一个标准的亮度。但若将一个相当于一万个灯泡亮度的灯泡装在殿内中央会怎样呢？理所当然离中央越近会越亮，越远则越暗。与此同理，当元本的光凝聚为一的时候，按着光的强度，形成了诸多不同的空间。

元本之光是属灵的光，按着光的强度不同，灵这一属性的密度也呈现差异。当元本之光在灵界的顶点凝聚为一的时候，离那顶点越远，光的强度和灵的密度就越低。因此，本来独有的元本的宇宙，按着光的强度和灵的密度不同，形成四个不同的宇宙，神将此称作第一层天、第二层天、第三层天和第四层天。

元本的神凝聚为一光的地方，是属于第四层天的一个特殊空间。因此，第四层天的光的强度以及灵的密度是最高的。以此类推，第三层天的光的强度和灵的密度亚于第四层天；第二层天次于第三层天。到第二层天为止是属灵的空间，以下第一层天是我们肉眼可见的这个宇宙，是充满"肉"之属性的空间，是在元本的神凝聚为一光的时候，灵的属性几乎收尽而形成的。

就属肉空间的概念来说，将空间一分为四，便会形成小于原来面积的四个空间。然而，属灵的空间之概念与之截然不同，因为属灵的空间是无限的。将无限的宇宙空间一分为四，这四个空间依然都是无限的。同样，元本的宇宙分为四个天，每一个天照样都是无限的。不仅属灵世界的第二、第三、第四层天如此，属肉的世界——第一层天也不例外。

　　神按照不同的用途，区分了四种天。首先，第一层天用作耕作人类的基地。其上，第二层天则是用作耕作人类所需的邪灵居留的空间，以及供"有灵的活人"——亚当生活的空间。再上，第三层天则是为了造就祂自己儿女们的永居之所——天国而预备的。这些真儿女们都是神耕作人类之工程的成果。对第三层天实际存在的事实，《圣经》提供明显佐证（哥林多后书12章2节-4节）。最上，第四层天乃是三位一体的神所预备的空间，这与元本独有的宇宙是同一个维度空间。

　　在元本的宇宙被分为四个天的时候，天上尚未填充"内容物"。但并非是完全空无。有不计其数的群星早已在元本的宇宙中存在。但第一层天里，耕作人类的基地——地球和太阳系，以及银河系尚未存在。第三层天里，天国还没有造成，只是形成适合造天国的属灵空间。而后，因着神的创造之工，内容物逐渐添置其中。

元本的神成为三位一体的神

　　凝聚为一光的元本的神，分离成三个光。这里光一分为三，并不是一块分成三个小块的这种概念。乃是从一个元本的光产生两个同样的光。元本的光虽然一分为三，但这三者并非异同，乃为合一。

　　那自有的元本之光是一个，此外两个光是新生的光。一分为三的元本之光，各自具备属灵的形体。这形体仿佛是人的形体。圣父、圣子、圣灵神乃为分别独立的个体，其灵体的形状彼此有所区别。然而，各自灵体里所存的灵，乃是从元本的灵分离出来的，因此三位的心思、意念、能力、智慧也是合一的。故称圣父、圣子、圣灵神为三位一体的神。

三位一体的神，首先在祂们自己所处的空间里创造了所需的一切。神在以光和声音的形式独居于元本的宇宙时，就不需要有住处。但自从具备形像之后，就需要有一个可居住的殿宇。

三位一体的神在第四层天的时候，可以以具体的形像存在，也可以以无形的状态存在。在此处神可以照着心愿，自由自在地转换自己的形状。因为随时神会以具体的形像存在，所以安置了一个居住空间。再者天国所在的第三层天里，神会时常以具体的形像存在，因此在那里也安置了住处，并开始创造服役的众灵。

神创造天使和基路伯

神所创造的灵性的存在有两种，一是天使；一是基路伯。天使的形状与人相似，不同之处就是有翅膀（启示录14章6节）。人是照神的形像所造的，天使也不例外（马可福音16章5节）。但天使只在形体上与神相似；人则是连心灵也与神相似。

那么天使的体积有多大呢？有大小与人相似的天使，也有极其小巧的天使，也有巨大无比的天使。而且，天使各自所具备的性情与外貌，恰与它们遵照神旨担当使命的功用相称。

例如：担任军长的天使，当然要具有男性的特征；跳舞唱诗的天使则具有女性的特征为佳。但并不是说跳舞的天使中没有男性特征的天使。如同这世界上也有男性舞蹈演员，天使的世界也是如此。论到具有男性特征的天使、具有女性特征的天使，不要以为天使也有性别之分。只是说天使的相貌、风采、举止等特征貌似男性或女性。

天使是为神服役的灵，凡事遵照神的命令行事，各自具有不同的功用，其数量多得不可胜数。

"众天使都站在宝座和众长老并四活物的周围，在宝座前面伏于地敬拜神，"（启示录7章11节）

"我又看见另有一位大力的天使从天降下，披着云彩，头上有虹，脸面像日头，两脚像火柱。"（启示录10章1节）

"天使岂不都是服役的灵、奉差遣为那将要承受救恩的人效力吗？"（希伯来书1章14节）

天使的分工各异，有的在灵界中担任一些特定的使命；有的降在人间伺候神的儿女。按着一个人成圣进灵，进全灵的程度，伺候他们的天使的数量也不同，而且这些天使们层级分明，次序井然。另外，天上还有时刻察看所有活在地上的人一言一行的天使。他们分别负责察看包括神的儿女在内的地面上生息的每一个人，并且一五一十地记录他们的言行。

基路伯的形状是多种多样的。天使具有与人相似的形貌，基路伯则具有与兽类相似的状貌。担当护卫神之使命的基路伯，具有狮子、鹰、牛等各种形体。

"他坐着基路伯飞行，他藉着风的翅膀快飞。"（诗篇18篇10节）

龙，被认为是人们想象中的动物，然而它原本也是基路伯的一种。神所创造的龙，起初的形状非常美丽可爱，仿佛是神的宠物。没有四肢、其身上长有极其柔顺的翼毛，散发着五色缤纷的光彩……其美丽的程度无法用世界上的语言来形容。诸龙作为基路伯的元首，具有极大的威严、权柄和能力，麾下服役的使者不计其数。

基路伯的群体中，除了龙以外，还有四个活物，开启灵眼观其形样，貌似暗色的坚固的铸铁。四个活物奉神之命，担当降灾、审判的使命，彰显神的威严与权柄。一头四脸，脸分别为人的形像、狮子的形像、牛的形像、鹰的形像，仿佛四人背对着背相互连着站立的样式，其中有火在上去下来，前后遍体都满了眼睛。

神造天使和基路伯的时候，没有像造人那样赋予自由意志。故它们只有依照次序惟命是从的功能。神如今也通过这些天使和基路伯掌管整个宇宙。

组织完善次序井然的灵界

除了一般的天使以外，《圣经》记载天军和天使长。路加福音2章13节记载："忽然有一大队天兵同那天使赞美神……"。天兵顾名思义就是天上的军兵。帖撒罗尼迦前书4章16节记载："因为主必亲自从天降临，有呼叫的声音和天使长的声音，又有神的号吹响，那在基督里死了的人必先复活。"有天使长，意味着天使的世界也有上下层级。

天使长仿佛神的手足耳目，通察、料理万事。有的天使在神的身边直接受神的指示，向神汇报情况。它们是长官级别的天使长，其属下有无数的天使服役。指挥工作并非一个天使长独自担当，而是一定数量为一个单位，每个单位都委派一个为首的天使分担工作。上面有什么指示，便会准确无误地层层下达，下面的情况也分毫不差地层层上传。虽经过多个程序，但这一切都转瞬即成。

神坐在宝座上能够遍察天下万民，就是因为有这些天使们的辅佐和服事。当然，神全知全能，可以独自遍察万事。但仍要差派天使去查实，然后向神汇报情况，这样一来，天使既成为汇报者，又成为见证者。它们为神所施行的审判，增添公义的光彩。

以神针对所多玛和蛾摩拉的审判为例，神事先差派天使，再次察看那里的详情，——创世记19章1节记载："那两个天使晚上到了所多玛……"。然而，所多玛人悖逆败坏到极处，甚至要加害于这两位天使。最终，神因公义对所多玛和蛾摩拉施行烈火的审判。

神的天使长中加百列和米迦勒是典型的例子。加百列相当于文官，在传达神特殊启示或圣言时显现。身材高大，威严四射，身穿宽袖衣裳，其中存放神的启示。就像传达御旨的臣子所穿的服饰上有表示身份的印记一样，加百列天使长的衣服上也带有表示身份的纹样，如同一个御印。

米迦勒天使长相当于武官，目光中透着威严。身穿如同铠甲的衣服，腰间束着用宝石修饰的腰带，内中配有各种"武器"。这里"武器"是指神所赋予的用于灵战的权柄，而非顾名思义的那种武器的概念。按照灵战的激烈程度，所使用的象征性的武器也不同。

另外还有两位大天使长。这两位大天使长具有女性形像，具有极大的权柄和威严，神态庄严，不拘一笑。它们出现的时候就有极大的神迹显现。其体形之大，置身于高阔天棚的房屋内仰观，只见其衣袍末端。但我们不能以"只见其衣袍末端"为依据，测算其规格之大小，因为肉与灵的概念是截然不同的。

直属三位一体之神的三位天使长

除了许多天使以外，神还创造了随身服侍三位一体之神的直属天使。就是包括路西弗在内的三位天使长。它们具有与天使长相等的地位和威严，但它们拥有其他天使长不具备的特殊权柄。

原来神没有将自由意志赋予祂所造的众灵。因此众灵犹如一个个机器人，只有执行命令的功能。然而，对直属三位一体之神的三位天使长，神例外赋予其人性与自由意志。即这三位天使长虽然异同于受过耕作的神的儿女，但同样拥有神赋予的人性，使其可以与神进行爱的交流。神使三位天使长可以本着自由意志诚心服侍神，与神分享喜乐与幸福。

三位天使长具有女性的外貌，以及善美的心灵。口出的言语中满有善的馨香，行为举止中透着端庄优雅的气质。但品性方面各自略显差异。路西弗的心比另外两位天使长多一些刚性的层面。路西弗身为统管音乐领域的天使长，常以美妙的歌声和奏乐来取悦神。神也喜欢听其所献上的赞美，所以甚是喜爱路西弗。

神曾经给我看见路西弗的状貌：身穿宝石绣成的华美礼服，演奏着漂亮的乐器赞美神。以一颗颗宝石连成的头饰，顺着金黄色的头发垂下来，显得十分协调自然；顺发而垂之宝石的声音和赞美的歌声互相交融，如风飘扬，达于神面前，其情形实在美妙无比。

然而，由于长久岁月在神的身边蒙得厚爱，尽享莫大权柄，路西弗的心中渐渐萌生了骄傲。在神的身边看着神所行的一切事，并治理灵界的极大的权柄，路西弗心中起了贪婪，想要拥有神那样的地位和权柄，并渐渐滋生骄傲之念头——觉得若是自己会比神做得更好。最终，为了实现自己想要高过神的企图，制定周密的阴谋策略，逐步发展自己的势力。

蒙神厚爱的路西弗，具有莫大的权柄，正是利用这一权柄纠合自己影响力范围内的天使参与自己的谋反。路西弗佯装自己是在奉神的旨意和命令，执行一项秘密任务，引诱众多天使，以及蒙神宠爱的诸龙和其所辖的众基路伯加入反叛的行列。

路西弗的反叛和挫败

神预知路西弗的险恶用心，为其留下回转的机会。背叛的结局如何，神也清晰地警戒过。然而，由于欲要高过神的骄傲心态已是根深蒂固，路西弗终究没有回转。与神为敌，掀起叛乱的路西弗，最终彻底溃败，与跟随自己的同党徒众一同被赶入"乌黑的黑暗中"、"坑中极深之处"，即无底坑，被禁锢。针对路西弗的反叛与挫败及其下场，以赛亚书14章12节-15节里做了详细描述。

> "明亮之星，早晨之子啊！你何竟从天坠落？你这攻败列国的，何竟被砍倒在地上？你心里曾说：'我要升到天上，我要高举我的宝座在神众星以上；我要坐在聚会的山上，在北方的极处；我要升到高云之上，我要与至上者同等。'然而你必坠落阴间，到坑中极深之处。"

对跟从路西弗的众天使，《圣经》也有相关记载。彼得后书2章4节说："就是天使犯了罪，神也没有宽容，曾把他们丢在地狱，交在黑暗坑中，等候审判。"犹大书1章6节也提到："又有不守本位、离开自己住处的天使，主用锁链把他们永远拘留在黑暗里，等候大日的审判。"就是跟从路西弗的众天使也被禁锢在无底坑中。

关于创世以前在灵界所发生的这一事件，创世记1章2节这样描述："地是空虚混沌，渊面黑暗；神的灵运行在水面上。"这里涵盖着灵、肉两个层面的意义：在说明灵界所发生的事件的同时，也讲述着肉界所发生的事情。

从灵意的层面讲："地混沌"指的是因着路西弗的反叛，灵界的次序一时陷于混乱的状态。"地"的灵意是："路西弗所掌控的黑暗世界"。总之，"地混沌"是指路西弗其同党徒众，破坏了神所立的次序，引起灵界的混乱。其次，"地混沌"也是表示神为曾经深爱的路西弗对祂的叛逆而悲痛的心情。

然而，路西弗的叛乱不久就被平定，众邪灵被拘禁在地狱极深之处——无底坑，"渊面黑暗"就是对此情形的描述。神将黑暗势力关押在无底坑，整顿了灵界的混沌格局。"神的灵运行在水面上"正是指神平定一切乱局的情形。

神在第一层天创造地球

地球刚刚被造之时的状态，与现今截然不同。地壳变动、火山爆发等地质活动非常活跃，大气中也产生各种复杂反应。

就是将这种不稳定的地球状态，在肉意的层面上形容为"地是空虚混沌"。然后"渊面黑暗"是指地球受造之初，银河系中除了地球以外尚未出现太阳、月亮和繁星，地球被黑暗所笼罩的状貌。神逐一填充地球所需的内容物时，倾尽了至诚。如同为家人修造房子的家长，以宏观视野，合理有序地逐步完善工程一样，神也胸怀整个地球，有序开展创造之工。

"神的灵运行在水面上"就是针对这一过程的形容。神此时亲自降临地球，遍地运行，考察地球之所需，构思造就地球的工序。

"神的灵运行在水面上"表示当时的地球是被水覆盖着的。形同胎儿在母腹的羊水中生长发育，地球上的六日创造之工启动之前，地球长久处在被水淹没的状态中。

那么，当时覆没整个地球的水是从哪里来的呢？这水是从神的宝座流出的生命水，而非神重新创造出来的。神在广阔的属灵空间里造成属灵的世界，并将那里的生命水安置在地球上。神之所以用生命水将地球覆盖，是为了造就包括人类在内的一切生命体赖以生存的地球环境。

在整个太阳系中，像地球这样拥有丰富水源的行星一个也找不到。除了地球以外，再无发现具有足够水源能以孕育生命的地方。因为神将生命水引入地球，使地球成为唯一适合生命体生存的基本环境。

神用生命水覆盖地球的时候，向地球上所有的人寄托永生的希望。切愿将来生活在地球上的众人，能够具有像生命水一样明净的心灵，成为祂真正的儿女。

神分开光暗的旨意

神终于开始了头一天的创世之工。创世记1章3节-4节记载："神说：'要有光'，就有了光。神看光是好的，就把光暗分开了。"

神首先发出命令——"要有光"，光就随即产生。这"光"乃是属灵的光，是从神宝座流出的，蕴含着神的永能与神性。神用这光环绕地球，奠定了地的根基，使地球脱离混沌空虚的状态，井然有序地在一定的次序和规律中运转。

接着创世记1章4节-5节记载："神看光是好的，就把光暗分开了。神称光为昼，称暗为夜。有晚上，有早晨，这是头一日。"此话所包含的意义是：在太阳和月亮存在之前，神早已使地球有昼夜更替，并使地球循着后造的日月两个光体合着昼夜更替的规律运转。

神说要有光，就有了光。此时地球上奠定了基本的次序与法则，因此，没有太阳和月亮，地球也照样正常运转。换句话说，在太阳和月亮存在之前，神已立定昼夜交替的次序与规律，太阳和月亮是合着这一次序与规律而被造，并且分别管昼管夜。

但是神将光暗分开，这里包含着更重要的意义，就是天地创造的头一天，神将禁锢在无底坑中的路西弗和堕落的天使的一部分释放出来，属黑暗的灵界便随之得以形成。就像地球上的万物都循着光与暗，即昼与夜的更替周期而生息和运转一样，神也知道为了成就耕作人类的工程，必须要有光与暗。于是，神从太初就统筹一切，到了时候给路西弗允准黑暗的权柄，使其作幽暗世界的主宰。

但并不是说神把与自己相等的权柄许可于路西弗，神是广博无限的属灵世界的主宰，神只是在耕作人类的限度内，许可路西弗拥有众多服役的邪灵、建立组织体系，使耕作人类的工程在与其同等的条件下进行。辖管黑暗的路西弗本是属光明的天使，后来堕落败坏叛离了神，故也在本为光的神大能的掌控之中。

神在第二层天上许可黑暗的空间存在

　　神在天地创造第二天奠定了天的根基。创世记1章6节-8节记载："神说：'诸水之间要有空气，将水分为上下。' 神就造出空气，将空气以下的水、空气以上的水分开了。事就这样成了。神称空气为天。有晚上，有早晨，是第二日。"

　　神先用从祂宝座流出的生命水稳固耕作人类的基地——地球之根基之后，创造了穹苍。地球之上的穹苍，亦即天空被造，意味着大气层的形成。然后，神又将覆盖地球的水分为上下，便有了"空气以上的水"和"空气以下的水"。

　　"空气以下的水"是指存留于地球上的水；在天地创造的第三天，神使地上的水聚在一处形成海洋，使其余的水形成河流和湖泊，成为地球不可或缺的水源。神又将"空气以上的水"用于气象；使其形成群云，按时降雨在地上。但更重要的用途是用来创设伊甸园。

　　经上说神造了天。然而这天并不单指我们肉眼可见的天。创世记第1章里，神进行六日创造之工的过程中屡屡表示"看着是好的"，然而唯独第二天没有提及。原因就是神于第二天在第二层天上许可了黑暗空间的存在，允准众邪灵在空中掌权，充当耕作人类的工具。

　　以弗所书2章2节记载："那时，你们在其中行事为人，随从今世的风俗，顺服空中掌权者的首领，就是现今在悖逆之子心中运行的邪灵。"这段经文表示邪灵驻留的黑暗空间在"空中"。这

"空中"就是以伊甸东边为疆界而存在的空间（创世记3章24节），众邪灵驻留其中，直到神对人类的耕作结束的日子。

当然第二层天上还有将来亚当受造之后所要生活的空间——伊甸园，以及耕作人类的工程结束之后举行七年婚宴的空间。但因这天同时也造成了空中掌权者驻留的黑暗空间，所以神没说"看着是好的"。

以路西弗为核心而形成的邪灵世界

路西弗在作黑暗世界的主宰之前，长久岁月在圣父身边耳闻目睹学习领会诸多的事。继而企图模仿神通过天使和基路伯治理广博属灵空间的情形，建立了黑暗世界。路西弗通过两种组织体系，发号施令，统治黑暗世界。所谓两种组织体系，一是以龙和龙的使者所构成的体系；二是以撒但和魔鬼为核心所构成的体系。

路西弗将相当于军长的实权赋予诸龙，派它们推行敌神的阴谋，并使龙所辖的众基路伯作龙的使者，为龙服役。在空中掌权的四条龙，诱导属黑暗的人们去崇拜它们自己；它们渗透于一切拜偶像的地方，偷受人们的崇拜。

路西弗在幕后操纵一切，派撒但作自己的使者。撒但可谓与路西弗为一体，其心思意念与路西弗完全相同，操控着人们非真理的意念。它没有实际的形体，只是以黑雾般的样式存在。因此，那些受撒但操控的人，其面部周围有黑烟状的雾霾缭绕。有的人甚至从头到脚都被"黑烟"所笼罩。

其次论到魔鬼，牠们的功用是使人将非真理的意欲付诸行动。牠们本是堕落天使的一部分，后来被释放出无底坑，以魔鬼的身份活动。魔鬼的作为，正好与天使相反。牠总以一身黑衣的模样呈现。

人若随着魔鬼的唆使作恶多端，以至将心交给魔鬼，最终就由鬼来动工将人捆绑。鬼虽也属于邪灵，但牠们有别于堕落的天使等神所造的众灵。牠们本就是人，像我们一样，曾经生活在这个地上。未能得救而死亡的人当中，一部分在特殊的条件下来到人间，充任邪灵集团的走卒，这便是鬼。

以路西弗为核心而形成的邪灵集团，为了将众人引入黑暗世界，使出浑身解数来亵渎和阻挠神的计划和旨意。神许可黑暗的权柄给众邪灵是旨在通过耕作人类，获得真正的儿女。真正的儿女，乃是指模成神的形像，活出真理、光明的人。就是指信神，并信耶稣为我们的救主，基于自由意志，爱神并顺从神的儿女。

以路西弗为核心而形成的邪灵的世界，可以比作农夫施与农作物的"肥料"。肥料具有毒性，人吃了会对身体有害，但施与农作物，则会使农作物生长旺盛，籽粒饱满。与此同理，因着竭力敌神、煽惑神的儿女陷入犯罪泥潭的路西弗和众邪灵的作用，我们才得以醒悟到属黑暗之一切的污秽和丑陋，相对领会到光明的好处和宝贵。从而更加爱慕光明，竭力成为神所喜悦的"光明之子"。归根结底，以路西弗为首的众邪灵，反而对神耕作人类之工程起到促进作用。

神将自由意志赋予我们人类，使我们自主选择光明与黑暗。爱神的人自然向往神，向祂所在的光明迈进。神的真儿女就是这样产生的。这就是神耕作人类的目的所在。本着自由意志，自愿走出黑暗，住在光明中，完全模成神光明形像的，才算是神真正的儿女。他们将来在光的空间里，与主同居，永世得享神所赐的无尽的幸福与荣耀。

光与暗的领域共存的第二层天

光的空间，乃是神所治理的领域，包括第二层天的伊甸，以及蒙恩得救的人们得享永生的天国所在的第三层天，乃至神元本的领域——第四层天。

在第二层天，光的领域和黑暗的领域共存。如前所提，神为了耕作人类，在创世的头一天将光暗分开了。天地创造的头一天被释放出无底坑的路西弗和众邪灵，第二天住进了第二层天黑暗的领域。这样，神允准路西弗和众邪灵驻留在第二层天黑暗的领域，直到耕作人类的工程完结为止。

那么第二层天的光的领域里都有那些空间呢？

神耕作人类的成果——蒙恩得救的众灵魂将来举行七年婚宴的场所，就被安置在这第二层天的光的领域中。帖撒罗尼迦前书4章17节说："以后我们这活着还存留的人必和他们一同被提到云里，在空中与主相遇。这样，我们就要和主永远同在。"这里所提及的"空中"，就是神在第二层天的光的领域中所预备的特殊空间。

另外，在第二层天的光的领域中有着占据重要部分的空间，那就是"伊甸园"。很多人认为伊甸园存在于地球某个地方，有些人至今仍在以色列周边中东地区进行勘探，然而未曾有人发现过伊甸园的遗址。因为神造伊甸园是在第二层天上，而并非在这个地球上。

神在地球上造了首先的人亚当，然后将他安置在第二层天的伊甸园。因为亚当虽是用土所造的，但他不是属肉的存在。创世记2章7节记载："耶和华神用地上的尘土造人，将生气吹在他鼻孔里，他就成了有灵的活人，名叫亚当。"亚当因着神的生气而成为有灵的活人。对这样的亚当而言，属肉的空间并不是适合他生息的空间，于是神将他安置在伊甸园这一属灵的空间。

伊甸园虽在属灵的世界，但与第三层天上的天国，层次截然不同。伊甸园虽分明是属灵的世界，但那里的人或物若来到这地上，地上肉界的人就可以看得到摸得着。伊甸园的环境跟地球很相似，但那里毕竟是属灵的世界，因此其中的动植物不会死亡、腐烂、发臭。那里的自然环境常保持清净明丽，是我们无法想象的广阔的地方。神为"有灵的活人"亚当，创设了伊甸园这一有别于地球的属灵空间。

天国所在的第三层天和神的空间第四层天

第三层天是我们所盼望的天国所在的地方。那里有神的宝座，是因信耶稣基督而得救的神的子民永世生活的空间。使徒保罗曾被提到第三层天上，看到了天国的乐园；使徒约翰又将天国新耶路撒冷的情形，详细记录在启示录第21章里。从中可以得知，天国不只是一个空间，乃是以多个空间所构成。

首先，使徒保罗所见过的乐园，是那些信心的程度只够勉强得救的圣徒们所生活的地方（路加福音23章42节-43节）；第一层天国是信心的程度比他们高的人进入的地方；第二层天国又是信心大过第一层天国的圣徒们进去的地方；第三层天国是弃罪成圣的圣徒配进的地方。其中神宝座所在的圣城——新耶路撒冷则是弃罪成圣，加上在神的全家尽忠，得神的喜悦，成就全灵的人进入的地方。

第三层天上的诸多地方中，新耶路撒冷是最光明的，住处距离新耶路撒冷越远，光度越弱。不过，即使是其中最低端的住处——乐园，其光辉和荣美的程度也是我们所生存的第一层天所无与伦比的，甚至远超第二层天的伊甸园。

第四层天是神太初独居的空间，是三位一体的神居住的空间。元本的神凝聚成一光的地方就在这第四层天上，这是与元本的宇宙一样层次的空间。第一、第二、第三层天的空间各具不同的时间流速，然而第四层天的空间里可以说时间几乎是停止的，在那里不存在任何时间的制约。而且也没有空间的制约；神无论心怀什么意愿，都必即刻照着成就。

此处，除了三位一体的神以外，任谁都不能擅自进入。唯独在世受过耕作，住在新耶路撒冷的几位特殊人物以及个别的天使长，可以在神的许可之下出入。这里是不经神的许可，任何人都不能进入的场所。若有谁不经允准而擅自进入，其灵将如烟雾一般消散。

至此，我们探讨了广博的属灵空间之奥秘。神为了获得真儿女，将一个空间分为第一层天、第二层天、第三层天和第四层天。那么，既有属天的空间，必也有属地的空间，那就是上阴间和下阴间，以及地狱和无底坑。

光的领域上阴间和黑暗的领域下阴间

本为光的神，将属于祂自己的领域称作"天"，将属于黑暗的主宰仇敌魔鬼、撒但的领域称作"地"。但有一个例外，那就是上阴间。

得救的灵魂在进入天国的暂居地乐园之前，为期三天停留在上阴间。上阴间从灵界的位置上讲，不属于天，而属于地。但这并不是说上阴间属于黑暗的领域。上阴间仍是属于神的领域，是仇敌魔鬼、撒但所无法侵犯的地方。此处与黑暗势力所管辖的下阴间有着明显的区别，是属于真理的领域、光明的领域。

但在灵界里，上阴间是亚于第二层天上的伊甸园的地方，故称其为属地的地方，而非属天的地方；《圣经》指着得救的灵魂去上阴间不说升上，而是降下。

"他的儿女都起来安慰他，他却不肯受安慰，说：'我必悲哀着下阴间到我儿子那里。'约瑟的父亲就为他哀哭。"

（创世记37章35节）

雅各所谓要下的阴间不是指未能得救的人去的下阴间，而是得救的人去的上阴间。

另外看撒母耳记上28章12节-13节的记载："妇人看见撒母耳，就大声呼叫，对扫罗说：'你是扫罗，为什么欺哄我呢？'王对妇人说：'不要惧怕，你看见了什么呢？'妇人对扫罗说：'我看见有神从地里上来。'"这里讲的是交鬼的妇人看见已故的撒母耳先知出现，就甚是吃惊，并表白的情形。当时撒母耳先知是在上阴间，所以形容招他的灵魂时是"从地里上来"。

当然，此时撒母耳先知上来，并非因着交鬼的妇人招他。巫师或交鬼的人不会知道与神交通的方法，更没有能力将死人招回人间。他们是为黑暗势力服役的，以招鬼为唯一能事。

只是那时候神照自己的大能，招上阴间的撒母耳上来，给扫罗王提供醒悟神旨意的机会。扫罗虽已被神离弃，但因他毕竟是以色列百姓拥立的国君，且因记念撒母耳先知生前为扫罗从邪恶和悖逆之路回转而做的哀恸深切的恳求，便施予他这般特殊的恩典。

撒母耳先知之所以停留在上阴间，是因为当时耶稣还没有背负十字架。耶稣在十架上受死，并且复活以后，才把停留在上阴间的众灵魂领进天国乐园里暂时的居住地。在耶稣复活之前，那些得救的众灵魂皆停留在上阴间。因为当时由信心之父——亚伯拉罕管理那个地方，所以《圣经》称因信得救而死的灵魂进入亚伯拉罕的怀里。

> "后来那讨饭的死了，被天使带去放在亚伯拉罕的怀里……。"（路加福音16章22节）

《圣经》并没有明确指出"上阴间"和"下阴间"，只是说人死后要下入阴间。然而，耶稣通过财主和拉撒路的比喻，明确表示得救的灵魂和未得救的灵魂所去的地方各有分别。得救的拉撒路死后的归宿是亚伯拉罕的怀里，亦即上阴间，迥异于未得救的财主所去的下阴间，其间有深渊限定，不能互相往来。如果用天和地的观点来解释灵界，那么上阴间应该是属于地的空间，但它分明是属神的光的领域。

以火湖和硫磺火湖构成的地狱

与光的领域相对的黑暗领域，其中除了下阴间以外还有火湖和硫磺火湖。未得救的灵魂死后，坠入下阴间受苦，等到大审判结束后，将进入火湖和硫磺火湖。我们可以从启示录20章12节至15节的内容了解到审判是怎样进行的。审判将按照记录得救灵魂名单的生命册，以及记录各人行为的案卷，分毫不差地进行。

"我又看见死了的人，无论大小，都站在宝座前。案卷展开了，并且另有一卷展开，就是生命册。死了的人都凭着这些案卷所记载的，照他们所行的受审判。于是海交出其中的死人，死亡和阴间也交出其中的死人。他们都照各人所行的受审判。死亡和阴间也被扔在火湖里，这火湖就是第二次的死。若有人名字没记在生命册上，他就被扔在火湖里。"

这里"死了的人"是指没有接待耶稣基督为主的人，或虽是信主，但那信心是死的人。将来他们都要站在神的宝座前，接受审判，面前有案卷展开。除了有记录得救之人名单的生命册以外，还有记录未能得救而死的人生前行为的书卷；其中详细记录着各人从出生到入死所行的一切，甚至包括一切心思意念，是通过天使所记录的。未得救的众灵魂将按照各自罪的轻重程度而受审判，最终被丢入地狱，永世承受相应的刑罚。

这里"海"的灵意是指人类受耕作的基地——这个世界。因此，"海交出其中的死人"表示他曾经在世受过耕作，并且表示：为了审判，世界交出死人的肉身。人若在未得救恩的状态下死了，其灵魂要被拘留在下阴间，肉身要腐朽，归于尘土。然而大审判临到，那些在下阴间的死人的灵魂，必要穿上适合受审判的肉身。

又说"死亡和阴间也交出其中的死人"，这是指那些因罪而注定承受永远死亡的人们，即在下阴间受苦的人们，要站在神面前受审判。他们直到白色大宝座审判为止，按照各人的罪孽，在下阴间受毒虫或怪兽的啃噬、撕咬，或受地狱差役的拷打等各种严刑。

大审判过后，他们最终要被丢入火湖或硫磺火湖，永世受苦（启示录21章8节）。人在火湖中所受的巨大痛苦，是下阴间中所受的刑罚所无法比拟的。在那里，人要在虫不死、火不灭的烈焰中，承受"用火当盐腌人"的痛苦（马可福音9章47节-49节）。硫磺火湖则是比火湖烫热七倍的痛苦之所，进那里的都是犯了亵渎圣灵、干犯圣灵等重罪的灵魂。

关押邪灵的无底坑

黑暗的空间中最深之处，便是将来关押邪灵的无底坑。主从空中降临之后，蒙恩得救的人要与主同享七年婚宴的欢乐。然而那时由于被逐出空中的邪灵要在地上掌权，这地和地上的人们要卷入空前绝后的大灾难中。届时第三次世界大战要席卷全球，这地上将要展现地狱般的惨象。七年大灾难结束后，邪灵将重新被禁锢在无底坑，这地上要展开千年国度时代。

空中的七年婚宴举行完毕，神的儿女们要同主降到地上，与主一同作王一千年（启示录20章4节）。饱经七年大灾难洗劫而成为一片废墟的地球，重新被造，恢复起初那美丽的环境。到了千年王国即将结束的时候，神照祂的旨意，将众邪灵暂时释放出来，但白色大宝座审判结束后，它们将被永远禁锢。

大审判之前，下阴间是由路西弗和其手下所掌管的，但之后整个地狱都在神的能力下运作。大审判结束后，众邪灵将如同废弃物被丢弃在幽暗阴冷的无底坑中。它们仿佛被岩石压着，一动也不能动。它们就以这样的状态，永世被禁锢在那里。其中堕落的天使们在翅膀被撕断的状态下被遗弃在那里。

说到它们永远处于被遗弃的状态，或许有人认为它们所受的刑罚，要比地狱的刑罚轻省得多。其实不然。越深入水底，水压愈发增大。地狱也与此相仿：越往深里去，"肉"的气蕴集结越发加深。无底坑是暗界中最深的空间，故"肉"的气蕴密度最大。因此，被禁锢在无底坑，乃是最为可怕的刑罚，比受地狱差役的残忍拷打，或被丢入火湖和硫磺火湖永世焚身还要厉害。

想象一下，人被关在如水泥般坚实的固体里面一动也不能动，会是什么感觉。意识很清楚，但气也不能喘，眼也不能眨，如同一个活着的化石，永远处于僵固状态，承受百般的痛苦和绝望之气息……因着"肉"的气蕴集结的膨胀，饱受爆裂似的紧缩与压迫感的痛苦。

路西弗在堕落之前，曾蒙神的大爱，但因与神为敌，就这样被禁锢在永无止尽的咒诅中。神并没有在路西弗堕落之后立刻对它进行惩罚。因它只是一个受造之物，神可以立刻将它除灭，但神并没有这么做。其中有这样的缘由：

在耕作人类的过程中，若没有幽暗世界的主宰——路西弗，我们就无法成为合神旨意的真儿女。仇敌魔鬼、撒但"如同吼叫的狮子，遍地游行，寻找可吞吃的人。"因此，我们就会更加警醒祷告，竭力更新自己，成为模成神形像的光明之子。神切愿自己光明的儿女们都能进入最美的光明的空间——新耶路撒冷，与祂永享爱与被爱的幸福。那么，我们具备怎样的资格，才能进入这光的空间呢？

第二章

光的空间入门资格

光与暗是不能共存的。

人若要进入光的空间,必须要除去一切黑暗。随着与本为光的神相交程度和效法基督耶稣,心里清洁的程度加深,我们可以进入更加明亮的光的空间。

合神期愿的光明的儿女

当本着灵心竭力行善

凭着信心结出义果

以实际行动结出诚实之果

多结光明之果得进更明亮的光的空间

人在地上的生命一旦结束，注定进入光暗两个空间中的一个空间。灵魂是不灭的，因此人必须在光明与黑暗，亦即天国和地狱这两者之间做出选择。

对此，希伯来书9章27节说："按着定命，人人都有一死，死后且有审判。"约翰福音5章29节说："行善的复活得生，作恶的复活定罪。"的确，人在世的生命不是全部，还有永恒的来世。肉体的生命结束了，人必须要去天国或地狱中一处。

慈爱的神切愿众人都蒙救恩，在光的空间里永享美福。彼得前书2章9节说："惟有你们是被拣选的族类，是有君尊的祭司，是圣洁的国度，是属神的子民，要叫你们宣扬那召你们出黑暗、入奇妙光明者的美德。"我们应当察验自己是否配作"有君尊的祭司"；有没有资格入那"奇妙光明"。

合神期愿的光明的儿女

使徒保罗是这样介绍神说：

"就是那独一不死，住在人不能靠近的光里，是人未曾看见，也是不能看见的，要将他显明出来。但愿尊贵和永远的权能都归给他。阿们！"（提摩太前书6章16节）

意即因为神住在光里，所以祂是永恒、完全的神。约翰一书1章5节说："神就是光，在他毫无黑暗。这是我们从主所听见，又报给你们的信息。"雅各书1章17节说："……在他并没有改变，也没有转动的影儿。"表明神是光本身，是完全者；在祂没有黑暗，也没有转动的影儿。故《圣经》处处教导我们要模成神的形像，成为光明的人。

"你们都是光明之子，都是白昼之子；我们不是属黑夜的，也不是属幽暗的。"（帖撒罗尼迦前书5章5节）

"你们是世上的光。……你们的光也当这样照在人前，叫他们看见你们的好行为，便将荣耀归给你们在天上的父。"（马太福音5章14节-16节）

"从前你们是暗昧的，但如今在主里面是光明的，行事为人就当像光明的子女。光明所结的果子就是一切良善、公义、诚实。"（以弗所书5章8节-9节）

光明与黑暗是不能共存的。我们若要进入光的空间——天国，必须要解决一切关乎黑暗的问题。

　　为了成为光明之子，我们必须要脱去黑暗。那么，这里"黑暗"指的是什么呢？一言以蔽之，是指属罪的一切，包括情欲的事和肉体的事，对此上卷已经做了详细讲解。

　　"情欲的事"简单说就是在行为上呈现的罪；"肉体的事"则是指人心思意念上犯的一切罪。例如：罗马书第1章里列举的各样不义、邪恶、贪婪、恶毒、嫉妒等就是属于肉体的事。加拉太书第5章所提及的"奸淫、污秽、邪荡、拜偶像、邪术、仇恨、争竞、忌恨、恼怒、结党、纷争、异端、嫉妒、醉酒、荒宴"等，就是情欲的事。这些都是从幽暗世界的主宰——路西弗来的。

　　除了这些以外还有一些事，是人自己不觉得属于黑暗，但在神看来却是属于邪恶的。光明照现，黑暗消灭，同样，真理的光发现，属黑暗的罪恶便尽显无遗。只要用神光明之道对照，人自己未曾醒悟的黑暗，也必然都显明出来。

　　例如：当耶稣说祂要上耶路撒冷受难时，彼得出于对恩师的爱心而挽留耶稣。此时耶稣叱责彼得说："撒但，退我后边去吧！"（马太福音16章21节-23节）彼得认为这样劝阻恩师是爱的自然流露，但在神看来这却是属于黑暗的举动。因为耶稣被钉十字架救赎人类，是神的旨意。因有了这样的责备，耶稣的首徒彼得才不至于骄傲，后来领受圣灵，心志改换一新，成为伟大权能的使徒，使死人复活，一天带领数千人悔改归主。

总而言之，人若要进入光的空间，必须要走出仇敌魔鬼、撒但所掌权的黑暗世界，行事为人当像光明的子女，讨神的喜悦。为此，我们具体应当怎样行呢？

凭着信心成就神的义

我们若要进入神的空间，必须首先悔改不信神的罪，接待耶稣基督为个人的救主。因为不论谁，唯独信耶稣基督而罪得赦免，方能具备进入光之空间的资格。罗马书3章22节说："就是神的义，因信耶稣基督加给一切相信的人，并没有分别。"

约翰福音14章6节记载："耶稣说：'我就是道路、真理、生命；若不藉着我，没有人能到父那里去。'"罗马书10章9节说："你若口里认耶稣为主，心里信神叫他从死里复活，就必得救。"

口里认耶稣为救主，心里相信祂死而复活，是等于相信神十架救赎的旨意和主宝血的功效。亦即相信耶稣为了拯救注定在地狱永世受刑的我们，在十架上舍命；为了代赎我们全罪，而流尽了宝血的事实。

人若是真正心里相信这一事实，必会彻底悔改自己的罪，感谢主为他受苦的大爱，便向主祷告决志：从此定要活在光明中。这样的人，神必用主的宝血把他洗净，并将圣灵赐给他，认他为自己的儿女，并将其名载入生命册（启示录20章15节；21章27节）。当人接待耶稣基督，对自己以往未能活出神道的罪深切懊悔，并且脱去黑暗，行在光明中，将来必在光的空间——天国得享永生。

当与本为光的神相交

约翰一书1章6节-7节说："我们若说是与神相交，却仍在黑暗里行，就是说谎话，不行真理了。我们若在光明中行，如同神在光明中，就彼此相交，他儿子耶稣的血也洗净我们一切的罪。"既然接待耶稣基督，领受了所赐的圣灵，我们理当聆听、学习并遵行神真理的话语，这样才能与本为光的神相交。

"我们若遵守他的诫命，就晓得是认识他。"（约翰一书2章3节）

"神的命令就是叫我们信他儿子耶稣基督的名，且照他所赐给我们的命令彼此相爱。"（约翰一书3章23节）

我们非但要照着神的吩咐，不可做的不做，该离弃的离弃，确保不在行为上犯罪，且要将心里的恶除去净尽。并要照着神的吩咐，殷勤践行"当行"、"当守"的诫命，活出真理，包括：要喜乐、谢恩、相爱、降卑、服事、守诫命等等，便能得到神的恩典与能力，以及圣灵的帮助，最终得以基督耶稣的心为心。

我们将来在天上得到何等荣美的住处，取决于我们与本为光的神相交的程度，以及我们成圣、成善而发出亮光的程度。人虽然蒙恩得救，获得光的空间入门资格，但若要达到新耶路撒冷这一顶级目标，必须要付出坚持不懈的努力。

哥林多前书第13章的属灵的爱、加拉太书第5章的圣灵所结的九种果子、马太福音第5章的八福、以弗所书第5章的光明所结的果子，这些都是衡量我们进入光明之程度的标准。下面围绕"光明所结的果子"，针对具备怎样的资格，才能进入更灿烂的光明空间进行探讨。

当本着灵心竭力行善

以弗所书5章9节说："光明所结的果子就是一切良善、公义、诚实。"首先"良善"是指毫无恶毒的善美心灵。持有这种心灵的人，善待遭遇不幸的人，从不加害于人，记念创造主神的宏恩，顺从神的话语，为所托付的使命尽忠竭诚，如同人对父母知恩图报，恭敬孝顺。

世人所谓的善人，通常是对行恶的人不以恶相报的人。但其内心里若是怀着怨恨、不满情绪，只是强忍而不宣泄，这怎能称得上是善人呢？人所认识的善和神所认定的善是截然不同的境界。神所认定的善，第一阶段是：非但不以恶报恶，而且心里毫无不适的情绪。

童贞女马利亚的丈夫约瑟就是其例。马太福音1章19节记载："她丈夫约瑟是个义人，不愿意明明地羞辱她，想要暗暗地把她休了。"可想而知，当他得知自己未婚妻马利亚未曾与自己同床却有了身孕的事情时，心情会是何等悲戚呢？换了常人一定是因着强烈的背叛感，极其伤痛和悲愤，非追究到底，洗雪冤屈是不会甘心的。然而，约瑟心里没有恶，他反而设身处地为马利亚着想，只想暗暗地把她休了。

第二阶段的善是：对方恶待自己的时候，不仅没有不适的情绪，而且还会用善言善行感化对方。人一旦进入这种境界，仇敌魔鬼、撒但就无法对他进行亵渎和搅扰。大卫就是这样的人。

大卫长久岁月遭扫罗无缘无故的追杀，却曾两次获得杀死扫罗的机会。大卫为国英勇出战，大获全胜，立了大功，然而扫罗王非但不感谢他，反而因大卫受百姓爱戴而心生嫉恨，就率领兵马四处搜捕，寻索其命。有一次扫罗经过一个山洞，进入其内欲要大解，不知大卫藏在其中。大卫虽然弹指可取扫罗的性命，但他只是悄悄地从身后用刀割下了扫罗外袍的衣襟。顷刻之后，扫罗离开那里继续行路，大卫出去大声喊着说：

> "我父啊！看看你外袍的衣襟在我手中。我割下你的衣襟，没有杀你，你由此可以知道我没有恶意叛逆你。你虽然猎取我的命，我却没有得罪你。"（撒母耳记上24章11节）

尽管扫罗对他恨之入骨，四处追杀，大卫却仍旧称扫罗为父，诚然降卑自己。他称自己不过是一条死狗，一只虼蚤，王不值得在乎他，并表示他绝无害扫罗之意，要使扫罗回心转意。虽是穷凶极恶的扫罗，面对这般善言善举时，不由深受感动，放声大哭，对大卫说："我儿大卫，这是你的声音吗？……你比我公义，因为你以

善待我，我却以恶待你！"（撒母耳记上24章16节-17节）

扫罗心被感化，便收兵返回。这样，当人不以恶报恶，反而以善胜恶的时候，撒但就无隙可乘，即使是恶人也会受到感动。当然由于扫罗是个罪大恶极的人，事过之后其险恶用心死灰复燃，旧恶重施，但因着大卫的善举，在那个瞬间黑暗势力退去，扫罗便回心转意。

除了这种感人肺腑的善以外，还有更高层次的善、最高境界的善。就是能爱自己的仇敌，能为对己行恶的人舍命的善的境界。这是为了拯救罪人，差遣独生爱子到人间之神的善，又是身为无瑕疵、无玷污的圣洁神的儿子，为拯救人类，在十架上舍命的耶稣基督的善。

通过摩西和使徒保罗，我们也可以领略到这种善的境界。当神要灭绝犯罪的以色列百姓时，摩西恳切向神代求，甚至表示：若是百姓能够得救，就是自己的名从生命册上被涂抹，也愿意（出埃及记32章32节）。使徒保罗也曾这样告白："为我弟兄、我骨肉之亲，就是自己被咒诅，与基督分离，我也愿意。"（罗马书9章3节）

论到司提反执事，他在传福音的时候遭乱石击打，为主殉道。他虽无辜受难，却毫无怨言，反而跪下大声喊着说："主啊，不要将这罪归于他们！"（使徒行传7章60节）就是这种能为恶人舍命的善，才是至高的善、完全的爱。

如今人们普遍认为人不能一味地行善，否则会常常吃亏，被当做傻瓜。然而，神本为善，当我们行善的时候，祂就用火焰般的眼目、天军天使和圣灵的火垣看顾和保守我们，使一切试探与患难离开我们。故一心行善的人必能以善胜过试探，蒙神赐福，凡事亨通。

当然，人要行善，有时需要付出舍己、辛劳的代价，然而善人却不以为苦。因为对他们来说，行善本身就是一种快乐。在灵界里，无罪就是力量。因此人越是弃恶成善，其属灵的光便越发强烈。人若进入神所认定的善的境界，便因着所具有的属灵的光，不受那恶者的侵害，而且还能攻破仇敌魔鬼、撒但的阴谋诡计（约翰一书5章18节）。

凭着信心结出义果

光明所结的果子，第二是公义。就普遍意义而言，"公义"是指不求自己的益处，为了正义而尽心尽性。但真理里面说的公义，则是指离弃罪恶，全守神在《圣经》上的诫命，遵从神的旨意，求神的国和神的义。但以理就是公义虔诚的代表性人物。

但以理出身王族，属于犹大支派。主前605年，南犹大国遭巴比伦王尼布甲尼撒的首次侵略之时，他正值少年被掳到巴比伦。但以理得益于巴比伦当时针对俘虏的融和政策，与其他少年一同被选入优秀人才之列，进而登上了高位。他身为俘虏，之所以能够身居高位，被认定为成就神旨意的先知，是因为他全然信靠仰赖神，坚守自己的信仰。

他初见巴比伦王的时候还是个少年，得赐王所指定的膳食和酒接受三年的教育。但以理明知自己身为俘虏，王所赐的膳食是不可拒绝的，但他恐怕所提供的王膳中有神所禁戒的，便不肯吃。因为他有一颗敬畏神的心，凡神所憎恶的，打心底里忌讳。

他和三个朋友为了持守对神的信心，不至玷污自己，就求太监长容他们不吃王膳和御酒，只吃素食，并求他试试他们十天，只给他们素菜吃，白水喝，看果效如何。过了十天，太监长吃惊地发现他们的面貌比用王膳的一切少年人更加俊美肥胖。

神喜悦他们的信心，就赐给他们惊人的祝福。但以理书1章17节记载："这四个少年人，神在各样文字学问上（"学问"原文作"智慧"）赐给他们聪明知识，但以理又明白各样的异象和梦兆。"第20节记载："王考问他们一切事，就见他们的智慧聪明比通国的术士和用法术的胜过十倍。"

主前539年，尼布甲尼撒王的儿子伯沙撒王当政时期，巴比伦帝国被玛代和波斯所灭，取而代之波斯王国兴起。波斯王大流士因见但以理有美好的灵性，显然超乎其余的总长和总督，便想立他治理通国。那时总长和总督见一介俘虏出身的但以理，尽管历经易君变国，依然集王的宠爱与信任于一身，便嫉妒填膺，寻找但以理误国的把柄要陷害他（但以理书6章4节-5节）。

他们找不着但以理任何一件错误过失，便蛊惑国王下一道禁令——"三十日内不拘何人，若在王以外或向神、或向人求什么，就必扔在狮子坑中。"他们利用但以理每天三次敞开窗户，面朝耶路撒冷向神祷告的习惯，为他设下了这一陷阱。

但以理虽已得知此事，却仍照常一天三次双膝跪在他神面前，祷告感谢（但以理书6章10节）。只要稍作退避妥协，他就可以保住自己的名利、地位，乃至性命，但他单单信靠他的神。最终他以触犯禁令的罪名，被丢进了狮子坑中。但他丝毫没有向国王抱屈，反而祝福王说："愿王万岁！"可见无论任何艰难的环境，也未能折断但以理行义的心志。

因为但以理无论对神还是对人都没有可指摘的，所以仇敌魔鬼、撒但藉着恶人所施企图害命的任何阴谋诡计，都必然以失败收场。神差遣了天使保守但以理，使他从狮子坑中安然生还，使神的名大得荣耀。这就是神所认定的公义的心——面对死亡，毫不妥协，坚守信心；不以其人之道，还治其人之身，惟按真理追求良善的心。

以实际行动结出诚实之果

光明所结的果子，第三是诚实。诚实是指不改变、无诡诈、无虚假的清洁、正直、纯全的品性。人即使竭力行善，告白信心，若是出于要得人的称赞，神就不认定他结了光明的果子。换而言之，神所喜悦的就是我们不改变的诚心，以及由此而发出的真实告白和行为。

透过创世记第22章，我们可以了解到亚伯拉罕怎样顺从神命，将百岁所得的独子以撒献为燔祭。亚伯拉罕清早起来，带着儿子以撒，起身前往神所指示他的地方。此时的他既没有犹豫踌躇，也没有动用人意而忧苦愁烦。当他动手要把以撒献为燔祭的时候，神的使者向他显现，说："你不可在这童子身上下手，一点不可害他。"并且表示："现在我知道你是敬畏神的了。"（创世记22章12节）

希伯来书11章19节记载道："他以为神还能叫人从死里复活，他也仿佛从死中得回他的儿子来。"亚伯拉罕倚靠神的能力，从他经水已经断绝的妻子撒拉身上得了儿子，于是他相信这个儿子即使死了，神也照样使他从死里复活。从中可以看出神与亚伯拉罕之间坚不可摧的信赖关系。

亚伯拉罕内心的诚实，除了这件事以外，从其它诸多事件中也清晰地体现。他和侄儿罗得迁到伯特利时，因牲畜甚多的缘故，亚伯拉罕的牧人和罗得的牧人之间起了纷争。亚伯拉罕便退让罗得，说："遍地不都在你眼前吗？请你离开我。你向左，我就向右；你向右，我就向左。"（创世记13章9节）罗得便顺着私欲，选择了水源丰富的约旦河平原。

后来罗得所住的所多玛城遭到侵掠，众民被掳，罗得也在其中。亚伯拉罕得知此事，便立刻率领手下精练壮丁318人追赶敌军，解救了罗得和众民。所多玛王要以财物表示谢意的时候，亚伯拉罕也断然推辞（创世记14章15节-23节）。

当所多玛和蛾摩拉地被天降的硫磺与火所毁灭时罗得和其两个女儿获救，也是因着亚伯拉罕向神的恳求（创世记18章）。当赫人恩待亚伯拉罕，要把麦比拉洞白白地给他安葬其离世之妻撒拉时，亚伯拉罕也执意按着足价购置了那块地。这也是亚伯拉罕正直品性之体现（创世记23章16节）。他生前还把产业分给妾所生的庶子们，免得儿女之间起是非争端。这一事件也显明了他诚实的情怀。

雅各书2章23节-24节记载："这就应验经上所说：'亚伯拉罕信神，这就算为他的义。'他又得称为神的朋友。这样看来，人称义是因着行为，不是单因着信。"神是信实的，因此神喜悦亚伯拉罕伴有行为的真实的信心，就赐福与他；使他享有"神的朋友"的美誉，得居于最光明的空间——神宝座的近处。

多结光明之果得进更明亮的光的空间

人的善行若要显为光明的果子，必须要有公义的内涵，即神的义。然而有了良善和公义还不算完全，还要有诚实。若是缺了诚实，一切都落空。只有良善、公义、诚实这三样兼备，才能结出光明的果子。

不过，为了结满光明的果子，需要经历通过责备脱离暗昧，进入光明的过程，正如以弗所书5章11节-13节所说："那暗昧无益的事，不要与人同行，倒要责备行这事的人。因为他们暗中所行的，就是提起来也是可耻的。凡事受了责备，就被光显明出来，因为一切能显明的就是光。"

这里责备不单纯是针对某种错误的责备，而是旨在使人进入光明的责备。看见因违背神的道，得罪神而遭遇困境的圣徒们，我不会去安慰他们，而首先提醒他们遭遇试探、患难的原因；对他们未能活出真理进行责备。当我们照着神的话语省察自己时发现自己的过错，即使无人责备和指点，也当自己责备自己。这是至关重要的。

神毫无保留地指出我们的罪和黑暗面，是因为爱我们的缘故。慈爱的神切愿祂自己的儿女们完全行在光明中，在地满得神的祝福，在天住在更明亮的光的空间。为此，我们必须脱去一切属黑暗的事，模成神光明的形像，成为圣结，成为完全（马太福音5章48节；彼得前书1章16节）。

自从在大马士革路上遇见主之后，彻底卑微，顺服基督，直到地极作主见证的保罗，他曾经这样告白说："弟兄们，我在我主基督耶稣里指着你们所夸的口极力地说，我是天天冒死。"（哥林多前书15章31节）。

我们也当将一切叫我们与神为仇的肉体的意念除去净尽，天天在主里面攻克己身，治死老我；单单思念属灵的事，为成就神的国和神的义；为了使心洁净，全然成圣，引领更多的灵魂归主进天国而殚精竭虑。这样就可以常享真正的平安，结满光明的果子。

光明的果子，不仅指良善、公义、诚实，也指灵爱的果子、八福的果子、圣灵所结的九种果子等，囊括一切因着与神相交，模成基督耶稣的心而呈现的果子。这些果子必须无一欠熟，而是颗颗饱满丰实,才配得进入神宝座所在的新耶路撒冷。殷勤遵行神的话语,具备相称的资格得进最辉煌灿烂的光的空间。

2

属灵空间中的灵魂肉

天国住处的分类标准是什么?

人在属灵空间得享怎样的荣耀?

"我如今把一件奥秘的事告诉你们,
我们不是都要睡觉,乃是都要改变,
就在一霎时,眨眼之间,号筒末次吹响的时候;
因号筒要响,死人要复活,成为不朽坏的,
我们也要改变。
这必朽坏的总要变成不朽坏的("变成"原文作"穿"。下同),
这必死的总要变成不死的。"
(哥林多前书15章51节-53节)

第一章

分类的住处

我们效法神的心、照祂旨意生活的程度，
决定我们将来所得为业之天国住处的荣耀程度。
天国分很多住处，越往顶端进深，荣耀度和幸福度就越高。

天国有许多住处

天国是努力进入的

区分天国住处的缘由

勉强得救的人进入的乐园

全灵的人进入的新耶路撒冷

非亲眼所见就不肯信，这是人普遍的属性。然而这个世界并非只有眼看得见的物质，也存在着看不见的物质。如风和花香虽是无形的，却是分明存在的物质。除了我们所赖以生存的属肉的世界以外，还有更高层次的世界，就是属灵的世界。人不能因为眼睛看不见，就否定属灵世界的存在。

在广博的属灵空间中，天国处在第三层天，是无限的光的空间，从最低端的乐园到最顶端的新耶路撒冷依次分成多个住处。人按着凭信心自洁成圣，遵行神旨意的程度，将来在天国分得相称的住处。人生在世，犹如客旅，如云如雾，暂留即逝。然而在这短暂的人生历程中，我们要将自己打造成神所喜悦的人、属灵的人，以便赢得天上更大的尊荣。

> "有天上的形体，也有地上的形体。但天上形体的荣光是一样，地上形体的荣光又是一样。日有日的荣光，月有月的荣光，星有星的荣光。这星和那星的荣光也有分别。"（哥林多前书15章40节-41节）

分类的住处

属天者的荣光

圣洁，是神元本的属性。"圣洁"二字，在《圣经》中处处可见。这是神希望照着祂自己的形像所造的人类，能够模成祂圣洁形像的迫切心愿的体现。利未记20章26节说："你们要归我为圣，因为我耶和华是圣的，并叫你们与万民有分别，使你们作我的民。"彼得前书1章16节也说："……你们要圣洁，因为我是圣洁的。"

故照圣洁神的旨意生活的人就是属天的人，他们终必进入神的国度，得享属天的人所当得的尊荣。反之，那些悖逆神的旨意，活在罪孽中的人，是属地的人，他们的结局就是下入地狱。

然而"属地的人"，不单指那些不接受耶稣基督为主、不信神的人们，也包括呼求主名，声称信主，却不遵行神旨意的人，正如马太福音7章21节耶稣所说："凡称呼我'主啊，主啊'的人，不能都进天国；惟独遵行我天父旨意的人，才能进去。"

那么，我们当怎样行，才能成为属天的人，进入天国得享如日头般灿烂的荣光呢？在地上的信仰历程中，我们应当常被圣灵充满，与罪相争，抵挡到流血的地步（希伯来书12章4节），各样的恶事（包括肉体的事、情欲的事）除去净尽（帖撒罗尼迦前书5章22节），成为圣洁。因为就像日头、月亮的亮度和夜空中繁星的亮度有分别一样，按照成圣的程度，属天者的荣光也是各有分别的。

以赛亚书60章1节说："兴起，发光！因为你的光已经来到，耶和华的荣耀发现照耀你。"接待照亮世界的真光——耶稣基督为个人的救主，努力遵行神的话语，人就能相应地发出属灵的光。进而全然遵行神的话语，成为真正意义上的属天人，就可以发光如正午的日头。唯独这样才能驱走黑暗权势，将无数灵魂领入救恩之路，使神的名大得荣耀。

天国有许多住处

耶稣受难之前，同门徒们在马可楼共进逾越节晚餐。在这最后的晚餐席上，耶稣留下最后一道嘱托，借以再度坚固他们对天国的确信与盼望。

> "在我父的家里有许多住处；若是没有，我就早已告诉你们了。我去原是为你们预备地方去。我若去为你们预备了地方，就必再来接你们到我那里去；我在那里，叫你们也在那里。"（约翰福音14章2节-3节）

耶稣照神的旨意被钉十字架，受死，第三天从死里复活，且在众人面前被提升天。祂去是为了预备我们的住处。"我父的家里有许多住处"，这话里包含着主愿意万人得救的心愿（提摩太前书2章4节）。

天国是三位一体的神早在创造地球之前所创造的无限属灵空间，其长、阔、密度、面积，是人无可测度的。那里有神的宝座，还有无数的灵性的受造物，以及神儿女们的永居之所，天国的中央坐落着最为荣美的住处——新耶路撒冷城。

源自神的宝座，环绕天国全地的属灵的光和生命水的河，让蒙恩得救的子民感受到极大的尊荣与幸福。神按照各人在世所具备的信心的大小，以及为神的国效忠，荣耀神的名，结出善果的程度，赏赐相称的住处和尊荣。

新耶路撒冷位于第三层天的顶点，依次为第三层天国、第二层天国、第一层天国、乐园。但不要以为天国以楼层的模式构成。天国一切的住处，既均处于水平状，又呈垂直结构；各有不同层级。

天国是努力进入的

马太福音11章12节说："从施洗约翰的时候到如今，天国是努力进入的，努力的人就得着了。"那么，为何说天国是努力的人得着呢？因为进天国是需要"作成得救的功夫"。对天国的盼望越大，对信仰的热情就越高，并为达成顶级目标——进入新耶路撒冷而尽心竭力。《圣经》多处将我们的信仰生命历程以"争胜"、"比武"、"争战"等词来形容。

天国是无比荣美、和平之地，那里没有争战。那么，我们当争战的对象是谁呢？就是我们的仇敌魔鬼、撒但，因为它们是迷惑人犯罪的。为了进入天国，我们必须要战胜黑暗。仇敌魔鬼、撒但为要绊倒信神的人，千方百计惹动其心里的罪性，致使发展成犯罪作恶。此时，凡指望天国的人，都会用真理的话语去抵挡这一魔鬼的攻击。

我们靠着神的道和祈求而渐渐成圣（提摩太前书4章5节），就越发接近圣城新耶路撒冷。哥林多后书12章1节以下记载使徒保罗被提到第三层天的乐园，得知天国之奥秘的情形。自那以后，保罗尽心竭力打那美好的仗，对主的信心坚贞不渝，最终以殉道终己一生。他一心仰望神所预备的公义的冠冕，凭着信心努力进入天国，最终争取入那新耶路撒冷的资格（提摩太后书4章7节-8节）。

　　"我们要欢喜快乐，将荣耀归给他。因为羔羊婚娶的时候到了，新妇也自己预备好了，就蒙恩得穿光明洁白的细麻衣。这细麻衣就是圣徒所行的义。"（启示录19章7节-8节）

　　"那些洗净自己衣服的有福了！可得权柄能到生命树那里，也能从门进城。"（启示录22章14节）

　　这里"衣服"是指人的心灵和行为。我们只有洁净自己的心灵和行为的时候，才能从门入那圣城。"从门进城"的"门"，英文《圣经》上是复数（doors，韩文《圣经》亦同）的形式。这表明进城需要通过好多个门。我们为了进入圣城新耶路撒冷，首先要进入救恩之门，获得进乐园的资格。依次要通过第一层天国的门、第二层天国的门、第三层天国的门，最后要通过新耶路撒冷城的珍珠门。

　　因此，《圣经》将"门"以复数的形式来描述，借以表明：得救的人在天上，不是都得享一样的尊荣。我们应当向神谢恩，因为我们能够这样具体了解天国的情形，而且要庆幸，因为还有时间容得我们可以争取进入更美的天国。

区分天国住处的缘由

那些虽接待耶稣基督得到救恩，却不做心里的割礼，未能除净罪恶的人，其属灵的光是相对微弱的。反之将恶除净，成为圣洁的人，其属灵的光是强烈的。同是蒙恩得救，每个圣徒属灵之光的亮度各有分别；随着遵行神道，脱去罪恶，所发出的灵光就会更加明亮。全然成圣的人，其属灵的光彩极其耀眼，令亚于其圣洁度的人无法正视。

回到常识去思考也可知道：灵光强度高的人和低的人是很难生活在一起的。就如在这世界上孩子跟孩子；青年人跟青年人；中年人跟中年人相处的时候，才能融洽和默契。少年人同中年人是无法像朋友一样相处和沟通，因为彼此的世界观、智能、思维方式过于悬殊。

与此同理，在天上，灵光的强度相似，人们才可以生活在一个住处。假如在永恒的天国，众人都住在一个空间将会怎样呢？全然成圣的人之间是灵里相通，无所不便，但未然成圣的人与成圣的人相处，彼此沟通便难以达到默契。正因为如此，神将天国分为多个住处，使属灵光度相当的人们生活在一起。

启示录21章23节说："那城内又不用日月光照，因有神的荣耀光照，又有羔羊为城的灯。" 新耶路撒冷在天国的许多住处中可谓神耕作人类的结晶。这里是神与祂自己真正的儿女们永享爱与被爱之幸福的地方。然而，神针对那些在真理里面未得完全的圣徒们预备了第三层天国、第二层天国、第一层天国、乐园等与其相称的住处。

下面分别查考从乐园到神宝座所在的圣城新耶路撒冷，各住处的特征以及进入各住处的资格。

勉强得救的人进入的乐园

神为了拯救我们脱离罪恶与死亡，将耶稣差遣到这地上。耶稣被钉十字架，代赎了我们全罪。凡相信这个道理，接待耶稣基督为主的人，神必将圣灵赐给他。人一旦领受圣灵，里头的灵便死而重活，获得称神为父的资格。并且成为神的儿女，名字载入生命册，成为天上的国民。

然而，人即使已死的灵获得重生，若不遵行神的话离弃罪，灵就无法成长。随着离弃罪恶，逐渐成圣，灵也得到相应的成长。灵命增长，以至全然恢复神的形像，人就可以进入最为美丽的住处——新耶路撒冷。但若灵不成长，仅仅具备芥菜种大的信心，勉强得救，这样的人只能进入乐园。论信心的阶段，他们便是信心的第一阶段，他们虽然得救，却是甚为惭愧。

乐园是神因着慈爱与怜恤所安置的住处。得居此地的人们，本不配称之为神的儿女，但弃之于地狱却有些可惜。得救的人中，去乐园的人为数最多，那地之宽广，超过第一层天的宇宙。他们仅仅因免入地狱，得进天国，就已感激不尽，在乐园里永世得享幸福的生活。

虽是天国中最低端的住处，但乐园的荣美，是这地上任何一处名胜佳景都无法与之相比拟的。艳丽芬芳的繁花、青翠茂盛的树木，辽阔的草原上，各种动物在闲游……遍地都是怡人的美景。

这地上的花草树木，经不起时间的考验，终究凋零枯朽。但在乐园里，树叶常绿，花不凋谢。人靠近时，花朵或袅娜舞动，或花瓣攒成小球，又重新伸展绽放，散发出独特幽香。那里果实的种类繁多，体积稍大于这地上的，而且光泽晶莹闪亮。由于没有灰尘或虫子，可以就地摘下享用。

有时围坐在草坪上，享用着水果，幸福地交谈。在世的日子里，他们未曾为神的国做过什么事，故而在天上没有他们可领取的奖赏，但他们因得居于这没有忧愁、疾病、痛苦和死亡之地而心满意足，无比幸福。他们当中极少一部分人是可以受邀出席新耶路撒冷的庆典的，但这样的机会非常难得。

当然，新耶路撒冷的人和乐园的人，由于光的差异悬殊，大多数情况下因觉得羞惭而轻易不去赴宴。若要访问新耶路撒冷，必须遵循一定的程序与期限。对他们而言，访问至美的圣城新耶路撒冷是一种殊荣，回到乐园，他们将那里的所见所闻讲给众人听，分享那极大的幸福与欢乐。

乐园虽是天国里最低端的住处，但其美丽的环境与幸福的生活是不容小视的。虽是勉强得救的人进入的地方，但乐园的美好，为这地上任何美景无可比拟的，甚至胜过亚当曾经生活过的伊甸园。

领受不能坏的冠冕的第一层天国

第一层天国是较比乐园更荣美更幸福的地方。所有环境修饰精美，远超乐园的美景。这个地方是为接待耶稣基督死灵重生之后，努力遵行神的话语，但未能全然遵行的人所预备的。他们就是信心的成长阶段中处在第二阶段的人。

在第一层天国，人们将按自己在这地上所行的，得到相应的奖赏和住宅。第一层天国的住宅类似于这地上的公寓或住宅楼的形式，以黄金、宝石等材料，照主人的喜好精美修饰。家中配有靠神的能力运行的修饰华美的升降机，不用按钮，也会随时按主人的意愿自动停住。

进入第一层天国的人，可以获得不能坏的冠冕（哥林多前书9章25节），这相当于"参与奖"的概念。在世的日子里，他们在很大程度上认识神的道却未能遵行，有很多罪知道该离弃却未能离弃。但他们毕竟曾经努力遵行神道并离弃罪恶，因此神将此认定为信心，赐他们相应的奖赏。

第一层天国里有许多美丽的庭院、树木葱茏的广阔的公园、湖泊、散步路径、游泳池、高尔夫球场、网球场等许多便利设施以及休闲装置。不过，除了自己的住宅和冠冕以外，这一切设施都是公用的，就像居民小区里的公园或运动设施一样。

虽然没有随身伺候的天使，但所到之处都可以得到天使的接待和服事。这就是与乐园不同的部分。例如：当人们坐在长椅上交谈的时候，若是想吃水果，就可以吩咐天使去摘来。但这在乐园里是行不通的，人须自己亲手采摘。可见第一层天国和乐园的生活水准是有一定差异的。进入第一层天国的人虽然注定永居在那里，但不会对住在上端住处的人产生嫉妒。每个住处，人们都将得享最大程度上的幸福与满足感。

领受荣耀冠冕的第二层天国

　　第二层天国比第一层天国更明亮更美丽。以各种宝石造成的房屋的光辉，也更加炫丽华美。动植物的种类也比乐园或第一层天国繁多，即使是同样的种类，也远比第一层天国的漂亮。动物的形态更为优美，毛色也晶莹剔透；花的芳香和颜色也大不相同。

　　第二层天国是信心处在第三阶段的人进入的地方。他们在世虽能遵行神的话语，但尚未成就圣洁。他们虽然弃绝了一切行为上的罪，但心思意念上的罪还未完全除净。

　　他们在第二层天国所拥有的住宅是单层住宅，没有私邸门牌是其特征。其华美雄壮，是这地上的任何豪宅别墅所无可比拟的。除了住宅以外，还有一种他们共同领受的特殊奖赏，那就是荣耀的冠冕。神把这荣耀的冠冕赏赐与他们，是出于纪念意义，因为他们在世毕竟多多少少活出了神的荣耀（彼得前书5章4节）。

　　进入第二层天国的人，除了这些冠冕和住宅以外，还可以拥有自己最喜爱的一个项目——喜欢游泳池，神就赏赐用各种宝石修造的豪华游泳池；喜欢湖景，神就赏赐一座美丽的湖泊；喜欢舞蹈，神就赏赐宏伟的舞会场。喜欢散步，神就赏赐遍满琪花瑶草，可爱动物闲游的散步迴路。

　　在那里，按着喜好志趣的不同，各人拥有不同的设施，因此人们可以相互到别人家里参观和分享这些设施。在天国里，人们以服事为乐，不会厌烦或拒绝别人的访问，反而以与人分享己物而倍感快乐和幸福。访客也不求自己的益处，在不失礼的限度内自由地分享设施。

住在第二层天国的人们，不会因自己只拥有一种所喜爱的设施而觉得惋惜，或羡慕别人的。反而因自己所得的奖赏过于自己在世所行的，对神感激不尽。唯有一件惋惜的事就是在地上的日子里没有为成圣付出更多的努力。他们因自己未能除净全恶，在神面前惭愧得抬不起头。

属灵的人进入的第三层天国

第二层天国和第三层天国的荣光可谓天壤之别。这是成圣和未成圣所带来的差距。第三层天国的人，他们的信心达到第四阶段，成就了圣结，因此神赐他们相称的赏赐，照他们的喜好，安置一切基本设施于其住处；高尔夫球场、游泳池、舞会场等所喜爱的一应俱全，因此不必借用邻家的设施。

那里的房屋是复层结构，规模宏大。其雄壮华美，非世间首富所能堪比。广阔的庭院，香花美木铺展，修饰得精美无比；闪烁着璀璨光芒的湖水中形形色色的鱼儿在闲游。当然，相比之下这里无论是在规模和美观上，还是在荣耀的程度上都与新耶路撒冷的房屋呈现很大的差异。要论比例，第三层天国里最大的房屋面积只达新耶路撒冷中最小规模的房屋面积的六成。仅此可见，神何等喜悦进入新耶路撒冷的人。

第三层天国的房屋，按其主人模成神形像的程度，散发相应美妙的馨香和光彩。第三层天国和新耶路撒冷房屋的共同特征是没有门牌。因为每座房屋散发代表主人心灵的独特的馨香和光彩，所以不挂门牌也能轻易认出是谁的房屋。另一个原因是：与天国子民的总数相比，进入新耶路撒冷或第三层天国的人毕竟是少数。

不仅房屋如此，精金大道也比第二层天国更光亮，更高贵。第三层天国里的人，家中喜欢的设施一应俱全，故有许多天使服侍，它们料理房子，接待访客。从乐园到第二层天国，没有私人天使伺候，但从第三层天国起就有。并有公用的云彩轿车，可以乘在其上尽情遨游广阔无垠的天国。

第三层天国里人们可以获得生命的冠冕。这是他们因凭信心胜过为主舍命的试炼而获得的基本奖赏（雅各书1章12节）。进入第三层天国的圣徒们与进入第二层天国的圣徒相比，过着极为荣耀的生活。但他们瞻仰新耶路撒冷的时候，未免有些惋惜。故我们应当自洁成圣，并在神的全家尽忠，进入凡事得神喜悦的境界，这是至关重要的。

全灵的人进入的新耶路撒冷

使徒约翰得见新耶路撒冷的荣耀，就感慨地说："城中有神的荣耀。城的光辉如同极贵的宝石，好像碧玉，明如水晶。"（启示录21章11节）。因为整个圣城遍满神的荣耀。我们若亲眼目睹新耶路撒冷城中发现的光辉，就会不由自主地发出赞叹。那里荣美壮观的情形，超乎我们所思所想。圣城新耶路撒冷是全然成圣，体贴神深奥的心意，为主尽忠的人进入的地方。就是全灵的人，即信心达到第五阶段的人进入的至高的住处。

光辉灿烂而高大耸立的城墙四面围着该城，作为第三层天国的家园和新耶路撒冷的分界线。新耶路撒冷的长宽高度是一样的，均为四千里（启示录21章16节）。

新耶路撒冷从平面上看，会算出这样的结果——面积约达韩半岛的26倍；南韩的58倍。然而实际上并非如此，因为高度也是四千里。因此，按照我们所理解的平面的概念，是无法完全理解新耶路撒冷的空间概念。

城墙共有十二珍珠门；四面各有三门，城墙的根基是以十二种宝石修饰的。每门都有天使，路是精金的，如同明净的玻璃。这里除了修饰城墙根基的各样宝石以外，还有各种华美的宝石。有的体积庞大，甚至无可估量，有的散发双重或三重光彩。

新耶路撒冷城内大体分为神、主和圣灵的领域。在神的领域里，以神的宝座为中心安置着以利亚、以诺、摩西、亚伯拉罕等在旧约时代服侍过神的神人先知的住处。主的领域位于神的宝座右下方。主的城正中央坐落着黄金穹顶的正殿。周围展现形状各异，众彩纷呈的建筑物。主的首徒彼得，以及约翰、雅各的住处被安置在其最近处，其他门徒的住处也依次排列。

神的宝座左下方乃是圣灵的领域，整体的氛围如同慈母怀抱，温柔祥和。那些在圣灵时代进入全灵境界的人们永居与此。他们所得为业的形形色色富丽堂皇的豪宅安置于其中。有的房屋已经完工，有的工程已进入尾声，天使们在用华美的宝石装饰着房屋各处。有的房屋占地面积日趋扩展。因为其房屋的主人此时正在这地上为拯救灵魂的圣工而忙碌。

人在天上得到多大的地业，取决于在世受耕作期间成就温柔的程度。新耶路撒冷城内的每一座住宅都仿佛一座巨大都城，规模宏大，富丽堂皇。因为进入新耶路撒冷的人，温柔谦和胜过世上的众人（马太福音5章5节）。家家配有房主所喜爱的一切设施，一切按照主人的喜好趣向修造，配置，独具特色，与其信心和奖赏完全相称。故单看其房屋的特色，就可以辨别主人是何等人物。环绕整个豪宅的神荣耀的光辉，以及瑰丽璀璨的宝石，表明其房主在世自洁成圣，得神喜悦的程度。这一切荣美的奖赏，是人在地上的岁月里为主不断丢弃自己所喜爱的、想做的、想得到的所渐渐积攒的。

进入新耶路撒冷的人获得金冠冕和公义的冠冕，作为他们基本的奖赏。金冠冕是以精金所造，其上用各种宝石修饰。启示录4章4节记载："宝座的周围又有二十四个座位，其上坐着二十四位长老，身穿白衣，头上戴着金冠冕。"金冠冕是以无瑕疵的纯金作成，象征永不改变的真信心。是对人进入"得神喜悦的信心"之境界的褒赏。

公义的冠冕，是神针对那些像使徒保罗那样心里清洁，无瑕疵，无玷污的人所赐的奖赏（提摩太后书4章7节-8节）。进入新耶路撒冷的人，除了金冠冕和公义的冠冕以外，还会获得各种类型的冠冕。他们在世的日子里，每当做出使神的名大得荣耀的事时，都要得到相称的冠冕。

在新耶路撒冷，神为我们所预备的，除了这些以外还有很多。对此，启示录21章2节说："我又看见圣城新耶路撒冷由神那里从天而降，预备好了，就如新妇妆饰整齐，等候丈夫。"就如新妇在婚庆之日，把自己打扮得最美丽，神将新耶路撒冷修造成比任何住处都祥和幸福的空间。

每个家中，华美的宝石所发现璀璨的光芒和纷呈的色彩交相辉映，美不胜收。有的家配备一望无际的大湖和茂密葱茏的森林，以及辽阔的草原、精美的庭院、休养设施、各种飞鸟和美丽的动物。人们实现崇高指望，得进新耶路撒冷，本身已令他们感动万分，况且这里的凡事凡物无不令人感慨和惊喜。在那里，人们在无以形容的感动和荣耀中，永享幸福美好的生活。

神在这地上开始耕作人类至今，在所有得救的人当中，进入新耶路撒冷的人为数不多。神愿所有的人都成为祂的真儿女，得进新耶路撒冷。然而，勉强得救的人远超其数。他们因着承蒙神恩，免入地狱，进入乐园，得享安息而感到庆幸并永世感恩。

但人在乐园里得享的幸福，与新耶路撒冷里得享的幸福是无法比拟的。与其上的第一层天国也呈现很大的差异。在天国里，环境和条件因地而异，因为神是公义的，这也是神慈爱的体现，要叫灵光强度类似的人们同居一处，得享满足的自由、幸福与欢乐。各人按照信心的大小，分别被安排在不同层次的天国住处中永享福乐，他们的身体变成完美的灵性的身体，适合在所处的属灵空间生活。

第二章

属灵空间中的灵魂肉

我们生活在这属肉的空间时,要为自己打造属灵的灵魂肉,
便能从神得到相应的礼物——在天得到荣美的居所,
永世得享所赐的尊荣,并且按自己所行的,领受服饰、冠冕,以及各种饰品等为赏赐。

灵体

属灵的魂与肉

神的礼物

人死后，与其一模一样的灵魂瞬间脱身，然后脱体的灵魂瞰见下面躺卧着的另一个自己，就甚感惊疑——怎会有跟我一模一样的人躺在那里？……我们可以从电影或电视镜头中看到这种情形。这样的事情难道仅仅是被电影所虚构的故事吗？不是。《圣经》清楚地讲述着灵界与灵魂实际存在的事实。

若要将来在天国得享永生，我们必须要变成属灵空间中的灵、魂、肉。"有灵的活人"亚当对造他之神的悖逆，导致人类以灵死的状态而降生，又顺着情欲放荡度日。然而，人只要领受神恩，接待耶稣基督为个人的救主，领受所赐的圣灵，死灵得活，便会爱慕属灵的世界，成为神的真儿女。

神创造人类并耕作人类，如同农夫在田间撒种，殷勤耕耘劳作一样。我们必须明白神这一耕作人类的旨意，方能恢复灵性，打造属灵的灵魂肉。人唯独成就适合在光的空间——第三层天上生活的灵魂肉，才能具备完整的灵体，得享永恒天国的生活。

在这光的空间里，我们将具备怎样的形像呢？在地上我们具

属灵空间中的灵魂肉

有适合属肉空间的灵魂肉，到了属灵的空间则要具备与其相称的
灵、魂与身子。

一、灵体

灵体，简单说就是灵的形像。也可谓容载灵的器皿。凡获得救恩的人，都有属天的形体，其荣光各有分别。按着圣洁程度的不同，各人灵体的光度也不同，从复活体，转变成完整的灵体。

"体"是指事物存在的形像。老鹰在空中盘旋，人可以识别它，因为它有独特的形体。狮子有狮子的形体，鹰有鹰的形体……它们形态的各异，为识别异类提供了依据。

同样，"肉体"乃是指我们用眼睛可以分清的某种存在的形像。论到我们人，有地上的形体，即肉体，相对也有天上的形体，即灵体。

"但神随自己的意思给他一个形体，并叫各等子粒各有自己的形体。凡肉体各有不同：人是一样，兽又是一样，鸟又是一样，鱼又是一样。有天上的形体，也有地上的形体。但天上形体的荣光是一样，地上形体的荣光又是一样。"

（哥林多前书15章38节-40节）

我们具有眼看得见的形像——身子，亦即肉体，同时也具有灵的形像，亦即灵体。"灵体"可谓容载灵的器皿，也就是灵的形像。人虽然死了，魂的内容物是不消灭的，要盛于灵体中，永远长存。灵体的亮度各有分别，这取决于各人在地上受耕作期间，按真理而行，具备光明之子的权柄之程度。且因各人容有灵魂之灵体的形状不同，就可以互相辨认对方的灵。凭着灵体所发出的光的强度就可以辨别神此刻将他接去，他会去天国中哪一层级的住处。

灵体不像影儿那样模糊不清，而具有清晰分明的形状。重量似有非有，似无非无；仿佛一张纸轻得似乎没有重量，但实际上有。不过灵体虽然轻得不能测出重量，但很安定稳妥，不会随风而摇曳。

有灵的活人亚当的灵体

亚当是人类的始祖，是神首造的人。神用泥土精心造出人的形像，五脏六腑，筋皮肉骨一应俱全，然后将生气吹在人的鼻孔里，人就成了有灵的活人。亚当的心脏开始跳动，血液开始循环，一切器官和细胞开始运作。其形像极其俊美，其皮肉筋骨永不衰残。而且，当生气吹入的时候，亚当的灵照着亚当的形状形成灵体。亚当肉体的形状怎样，亚当的灵所形成的灵体也怎样。亚当的身体里面容载有灵与魂，灵的功用是与神交通，魂的功用则是辅佐灵。

魂与肉顺从灵的意愿，使亚当能够遵行神的话语，并与神保持灵性的交通。受造之初，存在亚当灵体里的灵，没有任何信息储存，一片空白。于是神将亚当安置在伊甸园，开始传授属灵的知识。

在伊甸园度过了无数岁月之后，亚当入了撒但的迷惑，吃了夏娃递给他的善恶树果，于是照着神说"你吃的日子必定死"（创世记2章17节），亚当的灵死了，从此与神隔绝，交通断绝。当然，亚当的灵是永不消灭的，因为是从神来的。神吹入亚当里面的生气，乃具有不灭的属性。

这里说"灵死"，是指与神之间的交通断绝，灵停止活动的状态。灵已沦丧而停止运作，魂就取代了灵的地位，开始在人身上作主，支配肉身。自从犯罪之后，亚当里面的灵的知识渐渐流失，便不再配称"有灵的活人"。灵体里渐渐盛满从世界来的属黑暗的"肉"性，从此，亚当的身体必须要承受肉界规律的支配——注定随着岁月的流逝而渐渐衰老，终究死亡。

人临终时的灵体

人死了，灵与魂一同存在灵体里永远常存。人死后魂不消灭，是因为魂与灵相结合，继续魂的作用。虽然身体死亡，脑的机能已经停止，但里面的知识依然存留在灵体里。意念和感觉也依然存在。灵魂，就是指这种灵和魂结合的状态。

在世接待耶稣基督，遵行神的话语，具备进入光之空间资格的人，其灵体会发出亮光。反之，不与本为光的神相交，沾染世俗的污秽，在罪孽中生活，灵仍处在死的状态中的人，其灵体便是暗无光彩。

到了临终，得救的人和不得救的人会呈现截然不同的表现。未得救的人大多瞪着双眼，在恐惧中死去，然而得救的人则瞑闭双目，平安过度，面容安详。因为灵魂临与肉体分离时，就会认清天国和地狱的存在。

未得救的人中，有的会看见地狱的差役前来等着把他带走。地狱的差役从头到脚笼罩着黑暗。一身黑衣，脸色苍白，嘴唇乌紫，眼底深黑……当这幅模样的地狱差役逼近时，未得救的灵魂会是多么惊恐啊！此时他因确定地狱的存在并体认到其阴森恐怖，便在恐惧中进入死亡。此刻为时已晚，人无论怎样悔叹往事，也都无济于事，只有被押去丢入地狱的份儿。

然而，那些持守信仰，虔诚度日的人，就没有任何恐惧。因为临死时看见身穿白衣的两个天使等着接他去，所以死后面容依然和悦安详。当灵魂从身体分离时，会有一种无法言喻的感动和幸福感袭来。

以前我们教会有一位信仰虔诚，热心爱主的圣徒归了天家。她素来为人良善，谦和，从不与人争竞或发生摩擦，与众人和睦，本着爱心和真理只说善美的言语。她爱神专心热切，凡事以神的事当先，甘愿为神的国舍己献命。我看见极其灿烂的光辉从她灵堂入口倾射出。看着那强烈的光彩，以及奉命前来接她的天使的威严，可以推知她能进哪一层级的住处。

得救之人的灵体

在地的生命终结，灵魂脱离身体时，蒙恩得救的人会通过两个天使的护引，进入天国的暂居地。主复活之前，天国的暂居地原是上阴间。但主复活之后，得救灵魂的暂居地就被别处所更替——神在乐园的边缘地带安置了暂居地，供人安息。曾停留在上阴间的旧约时代的众灵魂也都挪至此地。

新约时代，得救之人的灵魂一旦脱身，就被引入上阴间。为了适应灵界的环境，在那里停留三天，接受培训，领受必要的知识。然后被转移到天国的暂居地——乐园的边缘地带。等到耕作人类的工程完毕，主从空中降临，继而千年王国时代结束，神要施行白色大宝座审判。届时各人要照自己的行为，得到永居的住处和赏赐。

那么，得救之人的灵体将是什么样子呢？我们若了解灵体，就容易理解并相信复活和被提。人若幼年丧命而归天，其灵体仍是孩子的样子；年轻离世，仍是青年的状貌；年老命终，仍是老者的形像。仅以灵体的状貌，就可以知道此人何时殒命。不过，灵体没有胡须、残障、疤痕、皱纹等。因病身亡的人，其灵体的形状是健康而美好的；老者的灵体也虽与临终时的状貌相似，但并不显得苍老或虚弱。

人人身穿白衣，灵体里散发着光彩。各人光彩的亮度取决于各人成圣的程度；越成圣越明亮、美丽。光的强度还决定其在天国的住处和尊荣。女性则按其成圣的程度，头发的长度各有分别。

正如哥林多前书11章15节所记载："但女人有长头发，乃是她的荣耀……"。进入乐园、第一层天国、第二层天国的人，她们的发长至脊椎中部；进入新耶路撒冷的人则达到脊椎末端。仅凭发长，就可以推知她们将来进入哪一层级的住处。然而，男人的发长均至颈根。天国里，男人和女人的头发皆呈金黄色，还微带波浪。

置身于天国暂居地的灵体，尚未具备灵性的身体，故还不完全。因此，他们切慕等候主从空中降临和复活的时候。因为主从空中降临的时候，灵体才能披上灵性的身体，变成"复活体"。

何为复活体？

主从空中降临时，停留在天国暂居地的众灵魂与主一同降临。届时这些灵魂将与从坟墓里复活的灵性的身体相结合，形成一个复活体。《圣经》称那些因信得救的死者为"睡了之人"，而非"死了的人"。他们死而安葬的身体，到时变成灵性的身体，被提到空中，与主同降的灵魂合而为一，成为具有灵、魂、肉的复活体。

人死后，经过漫长的岁月在坟墓里腐化成一把尘土，或者因火葬，连骨带肉都烧为灰烬。在这种状态下，怎样恢复灵性的身体，与灵魂结合？虽然我们肉眼看不到，但各人组成身体的成分，依然存留在这地里头。主从空中降临时，神以祂奇妙的大能，将其聚集，使其骤然变成灵性的身体，与从空中降临的灵魂相结合，形成完整的灵魂肉。

继而那些活着还存留，得以迎接再临主的人们，也骤然变成灵性的身体，被提到空中，与主相遇，好比空中有一强力的磁铁，吸引地面上的铁粉。

"因为主必亲自从天降临，有呼叫的声音和天使长的声音，又有神的号吹响；那在基督里死了的人必先复活。以后我们这活着还存留的人必和他们一同被提到云里，在空中与主相遇。这样，我们就要和主永远同在。所以，你们当用这些话彼此劝慰。"（帖撒罗尼迦前书4章16节-17节）

"我如今把一件奥秘的事告诉你们，我们不是都要睡觉，乃是都要改变，就在一霎时，眨眼之间，号筒末次吹响的时候；因号筒要响，死人要复活，成为不朽坏的，我们也要改变。这必朽坏的总要变成不朽坏的（"变成"原文作"穿"。下同），这必死的总要变成不死的。"（哥林多前书15章51节-53节）

得救的众人在空中与主相遇，并欢度七年婚宴，这里"空中"是指第二层天的伊甸一处特殊的空间。伊甸是囊括伊甸园的广阔的空间。七年婚宴中，众人不仅得享欢乐和神对众人在世受耕作，付出辛劳与忍耐所给予的安慰，而且还回忆着在世受耕作的岁月向神感恩。

主从空中降临时，众人变成灵性的复活体，看着各自变化的身体，确知自己模成主的形像而成圣的程度，以及在世的日子里结出善果的程度。并且大概知道将来在白色大宝座审判时，将获得怎样的奖赏和荣耀。众人以复活的身体，在空中欢度七年婚宴之后，重新降到这地上生活千年。

那么，复活体和灵体的区别在哪里呢？复活体和灵体对属灵空间的感受有着很大的差异。灵体是不完整的；灵体成为复活体，才算具备了生活在属灵空间的基本条件。若说灵体是人临死时的形样，那么复活体则是33岁的状貌，不分男女老少。

耶稣33岁走完了祂在这地上的生命历程。33岁乃是人生命的巅峰，如同晌午的日头最灿烂光明。人33岁前后，最成熟，最具活力。此时人已脱离20多岁时的青涩稚嫩，变得沉稳老练，尽显成熟美。仿佛绚烂绽放的花朵。

由于如此，神赋予祂得救的儿女灵性的身体时，选择33岁的状貌。男人的身高约190公分，女人比男人约矮一拃——稍过170公分。呈现不胖不瘦的佳美形像。

复活体是灵魂和灵性的身体结合的状态，故人手可以触摸。耶稣基督曾经向人显现自己的复活体。复活的主向门徒们显现，说："你们看我的手、我的脚，就知道实在是我了。摸我看看，魂无骨无肉，你们看，我是有的。"（路加福音24章39节）这样，复活体是有骨有肉而不朽的灵性的身体，不受这地上属肉空间的限制，可以自由运行。

复活的主不受时空的限制，穿墙透壁向门徒显现（约翰福音20章19节；26节），约翰福音20章22节还记载耶稣向门徒"吹一口气"的情形。复活体也呼吸，并享用饮食。摄取的食物会顺着呼吸化作香气排出体外随后消没。这是多么神奇的事啊！

"……耶稣就说：'你们这里有什么吃的没有？'他们便给
他一片烧鱼(有古卷在此有"和一块蜜房")。他接过来，在
他们面前吃了。"（路加福音24章41节-43节）

　　主将此举显给门徒看，乃是要给他们栽植复活的信仰，并揭
晓复活体的奥秘。而且显明灵性的身体也会享受饮食。抹大拉的马
利亚及门徒们起初之所以没能认出主复活后的形像，是因复活体
发出属灵光彩的缘故。多疑的多马摸过耶稣手上的钉痕，但实际上
复活体是没有疤痕的。原来主为了给多马栽植信心，暂且将钉痕显
给他看，作为他复活的证据。

完整的灵体

　　因信得救的人变成复活体，在空中欢度七年婚宴，继而重新降
于这地，同主作王一千年，最终经过白色大宝座审判，分别进入指
定的天国住处。届时众人具备超越复活体的完整的灵体。那么，神
为何不直接将完整的灵体赐给人，而叫人经历复活体这一中间环
节呢？

　　因为第三层天上的天国和七年婚宴的场所所在的第二层天，
灵的密度和时间的流速等很多方面存在着区别。按所住的空间的
不同，神分别将最适宜的灵体赋予人。复活体和完整的灵体之间最
大的区别是：完整的灵体上清晰呈现各人的圣洁度和得奖赏与荣
耀的程度。灵体、复活体和完整的灵体的共同点是：按着各人成圣

的程度，所呈现的属灵的光彩有所分别。

等到神对人类的耕作结束，各人圣洁的程度、奖赏的规模将被判定。因此凭着各人灵光的强度，便可以将那些分辨出来。但一切都豁然显明，乃要等到白色大宝座审判过后。当神正式认定并公布最终结果的时候，各人才具备集相称的尊荣、权柄与赏赐于一身的完整的灵体。

荣耀的光彩

各人灵体的亮度取决于在世成圣的程度，故名荣耀的光彩。按照弃罪成圣，模成主形像的程度，散发相应清澈明亮的光彩。灵光的强度代表各人的地位，尤其进入第二层天国以下的人和进入第三层天国的人有着很大的区别，单凭外貌也可以轻易分辨。各人所散发的荣耀的光彩、身穿的服饰和服饰上的纹样、妆饰、发型等等均各有别。

在天国，不论男女都穿光明洁白的衣裳，正如启示录19章8节所说："就蒙恩得穿光明洁白的细麻衣。这细麻衣就是圣徒所行的义。"质地细腻柔软犹如绸缎，轻盈飘逸似无重量。因为没有灰尘，没有汗水，衣服穿久了也不会变脏，或产生异味儿。洁白的衣服上点缀着各种饰品，极其华丽，是人间所无与伦比的。衣服上还发出虹光等各种晶莹璀璨的光彩。

有休闲便装，也有宴会礼服，也有敬拜时穿的礼服，除外还有运动服、竞赛服等，可以按时换穿。在天国里，各人所得享的一切，都是神照着各人在地上所行的赏赐与人的。因此，每个人衣服的种类和数量各不相同；有的只有几件，有的多得不可胜数。非但衣服如此，凭着头戴的冠冕或配有的饰品，就可以看出各人得奖赏与荣耀的程度。

我们心里清洁的程度，凭信心为主效忠的程度，将决定我们冠冕的种类，以及数量、装饰、光彩、华美的程度。就连衣服的色泽也是因人而异的。衣服颜色的鲜艳度、搭配和光彩，也因住处的不同而各异。即使是低端住处的衣裳，其璀璨的光辉、鲜艳的色彩，也绝非这世界的任何华服盛装所能比拟，实为超乎人的想象。完整的灵体本身极其荣美，不需要任何妆饰，但满有慈爱的神按照各人的行为，赏赐衣裳、冠冕，以及各种饰物与祂心爱的儿女们。

二、属灵的魂与肉

蒙恩得救的神的儿女，等到白色大宝座审判过后，以完整的灵体在天国里得享永生。完整的灵体具有服从灵的魂和无需排除代谢废物的灵性的身子。

为何说了解"灵魂肉"对我们非常重要呢？因为人必须恢复亚当犯罪后变质的灵、魂、肉。这又是神在世耕作人类的目的所在。信耶稣基督，领受所赐的圣灵，我们的灵性便逐渐得以恢复。随着灵性的恢复，就可以打造属灵的魂与肉，成为属灵的人。

打造属灵的魂与肉的人就是灵魂兴盛的人。约翰三书2节说："亲爱的兄弟啊，我愿你凡事兴盛，身体健壮，正如你的灵魂兴盛一样。""亲爱的兄弟啊"，一旦《圣经》上出现这样的字眼，我们便可知道这必与祝福的言语相关，因为这是神针对自己所爱的人所讲的话。

灵魂兴盛的人，可以掐断属肉的意念。有什么意念要出现，只要心里不肯，立刻就能中止，就连味道、声音、疼痛也能随意掐断。他们可以支配意念和感觉，因而时常充满喜乐和感恩（罗马书8章6节），临到凡事兴盛，身体健壮的祝福。因为灵支配肉身，疾病便无机可乘，即使因失误导致疾病侵身，也能靠着信心得胜。

什么是属灵的魂？

神所创造的首先的人——亚当，原来是有灵的活人，是灵魂肉都属灵的人。灵在人身上作主，管理魂与肉，并引入真理。然而，自从犯了罪，灵死后，就变成灵魂肉都属肉的人。人作"有灵的活人"时，从神领受真理的浇灌，从而魂的作用是属灵的，但自从灵死后，由于撒但辖制人的魂，人的魂的作用就不再属灵了。

然而，当人接待耶稣基督，靠圣灵生灵，顺从神的话语，其魂的作用就渐渐属灵了。因为将错误的知识和观念，乃至神不喜悦的心思意念一概用真理去改正更新，正如哥林多后书10章5节所说："将各样的计谋，各样拦阻人认识神的那些自高之事一概攻破了，又将人所有的心意夺回，使他都顺服基督。"

人属肉的魂越多，受撒但的搅扰就越厉害，即使愿意思想属灵的事，也是力不从心。故要时常察验自己的心思意念和言语行为，不断地努力更新魂的作用，使其完全合乎真理。只要我们火热地祷告，殷勤地努力，就必领受神的恩典与能力，以及圣灵的帮助，以至能使魂的作用完全属灵。

属灵的魂自然顺从灵的意思。灵恢复了主导地位，发挥本然的功用，魂自然就顺从灵的指示。因为魂的作用完全属灵，所以只有良善、仁爱、真理的意念产生。例如：遭对方轻蔑或恶待，也不会伤心。因为一心向往和平，所以不会与人相争，反能理解和宽容；也不会感到不快，只是为对方心恶感到怜悯。

当然，即使是灵魂兴盛的人，他们的记忆系统中不仅存有真理，也存有非真理。虽然记忆中存有非真理，但因从心里除净了非真理，撒但就对其无隙可乘，魂的作用自然顺着灵而产生。他们顺从圣灵的带领，不该看的不看，离绝论断和定罪，唯按真理而活。

继续保持属灵的魂的作用，就可以使属肉的魂的作用彻底消灭。非真理连看也不想看，听也不想听，说也不想说。此时，真理便填充于心这个器皿里。非真理已从心里绝迹，魂里自然也就荡然无存。心里装满了真理，剩下的便只有属真理的魂。

通晓万事、惟有属灵意念的魂

当我们将来进入天国时，不仅灵去，魂也容于灵体中与灵同去。此时，魂是属灵的魂，即属真理的魂。因为人脱去非真理并用真理打造的部分，与灵融为一体。那么，人到了天国，是否对非真理的事一无所知呢？并非如此。反而比现在知道得更清楚。

哥林多前书13章12节说："我们如今仿佛对着镜子观看，模糊不清（"模糊不清"原文作"如同猜谜"），到那时，就要面对面了。我如今所知道的有限，到那时就全知道，如同主知道我一样。"大约两千年前，镜子是用白银、青铜，或铁等金属板打磨而成的，故模糊不清，只能显物体的轮廓及颜色。然而，如今的镜子则是清晰逼真。人进入天国后的光景就是这样，连自己未曾知晓的都将清晰明了。

但因为那魂是属灵的魂，所以即使回忆在世接受耕作时遭遇过的冤屈之事，也不会浮现"伤心"、"恼恨"等非真理的意念。只是在温柔、和平、怜恤的情感中浮现属灵的意念、真理的意念。

用灵参透彼此的心

在天国，人们参透彼此的心思，因为心中无恶，所以不会有误解、偏见和论断。尤其在新耶路撒冷，人们用灵参透彼此的心，句句包含关爱、谦和与服事，给人带来深深感动。人们非但参透彼此，也参透神的心和主的心，故能清楚了解神在耕作人类期间对我们的情怀、主背负十字架时的心情。

神曾使我在圣灵的感动中感受摩西先知的心怀。摩西先知站在极其耀眼的光辉中，充满着善的馨香。当他伸手握住我的手时，神的爱淋漓尽致地传递到我心中。他一开口，声音中蕴藏着出埃及时代旷野中向以色列民宣告神言的那种气势与威严。

摩西对我讲述他小时在埃及王宫成长的历程，又讲起当时乳母，因为是他的亲生母亲，藉着她认识到全能的神存在的事实和自己是希伯来人的身世，以及以色列民在旷野拜偶像得罪神等事，并表露自己直到完成领以色列民出埃及的使命，抱有怎样的心情。摩西先知追忆着当时的情形，时而泪水湿润了眼眶。

在天上回忆这地上的往事而流泪时，那眼泪立刻就变成绚丽的光彩。周围聆听此话的人们，因感受到他那善美的心灵和对灵魂的浓烈的爱心，便深深感动。

同时再次对神赐天国幸福生活的慈爱，深深感恩，从内心里将荣耀归给神。在天上人们尽心、尽力、竭诚爱神，而且那爱心和感恩的心永世不变。因为深明神耕作人类的奇妙旨意，深知神为了获得真正的儿女，永世分享真爱而忍受了无尽的伤痛，所以能够真诚地向神谢恩，直到永远。

何为属灵的"肉"？

有灵的活人——亚当不认识"肉"，这样的灵是不完全的。不认识灵的"肉"也是没有价值的。不接待耶稣基督为救主，未曾认识神的国以及属灵世界的人，都是属肉的人。他们注定被丢入地狱的火坑，永世受苦，有何价值可言呢？体认过肉灵两界，离弃虚空的肉，进入属灵境界的才是真正有价值的人。

随着心里渐渐成圣，我们的"肉"相应变成属灵的"肉"。即使尚未全然成圣，人只要心意更新，灵里进深，软弱的身体也能变得强健。

人一旦进入属灵的境界，魂和肉完全服从于灵，协调运转，宛如一体。虽然活在属肉的空间，亦如活在属灵空间，因为灵管理魂与肉。因着亚当的犯罪，我们失去了神的形像。我们越恢复神的形像，越能与神清晰交通，得到凡事亨通的祝福。

而且人进入属灵的境界，老化的速度会变缓，若是进入全灵的境界，还可以恢复青春。摩西命终一百二十岁，"眼目没有昏花，精神没有衰败"。亚伯拉罕年已老迈，不能生育，却靠神的大能得子以撒，四十年过后，又生了六个儿女（创世记25章）。以诺和以利亚，因离弃一切的恶，深入属灵的境界，接近神的性情，便不受"罪的工价乃是死"这一灵界法则的约束，不曾经历死亡，活活被接到天上。

不吃也能永生的身体

在天国，神的儿女将变成完整的灵体，得享永恒的生命，不再有腐朽和变质。即使不吃食物，也能靠神所赐的能力永远活着。马太福音26章29节里，耶稣说过："从今以后，我不再喝这葡萄汁，直到我在我父的国里同你们喝新的那日子。"复活升天的主再次表示：要等到神对人类的耕作结束后，在父的国度里，与蒙恩得救的圣徒们一同享用食物。我们若像复活升天的主那样穿上灵性的身体，从此不吃东西也无碍于生活。

然而，由于天国的饮食所蕴含的香味或成分利于灵体，人们会享受食物，或品闻香气，包括果香或花香等。品闻香气，可以通过鼻子，也可以通过全身，还可以通过心灵。旧约时代，人们用牲畜或谷物向神献祭的时候，神喜悦那献祭人的诚心。如今我们向神献诗、敬拜、献礼物的时候，神也悦纳我们由心发出的馨香。

在天国里，品闻香气是给人增添喜乐、幸福与充沛灵力的一种方式。在地上，人们享用多种美食，借以获得快乐，完全的灵体则以品闻馨香为一种享受快乐的方式。天国的人，没有喜新厌旧的心，即使反复吸闻同样的香气，也依然会感到幸福和满足。品闻果香或花香，仿佛撒了香水一样，香气浸入全身，复又散发出来，使心更加充满。

无需排泄的灵性的身体

完全的灵体是灵性的身体，不仅能闻享食物的香气，也能直接食用。可以吃各种果实，喝生命水所制的各种饮品。天国里除了十二样生命树果以外，还有数不胜数的各种丰富的果实，可以尽情享用。天国的饮品种类繁多，不只有生命水。

那么，人在天国能否享受到在地曾经爱吃的食物呢？天国也有肉食、面包、蛋糕等食物吗？会不会想念这地上的食物呢？到了天国，人们不再想吃在地上享用过的食物。因为第三层天的空间，不吃东西也能永活，只吃果实和饮料也能感到满足和幸福。

当然，有时人会回忆在世受耕作时的情形，想重温曾经特别喜爱的一些食物。那时人可以仿造出那些食物，与当时的比较相似。但天国的果实和饮料的味道无与伦比，故不会刻意寻求享用属肉的食物。

在天国里，我们吃了食物，食物会经过呼吸分解成香气而散发出来，故无需排泄。就是摄取的食物在呼吸的同时自然排出体外，成为香气，过后消失。在地上人们需要消化食物，还要按时排遗排泄，但在天国就不用。这是多么方便，又多么奇妙的事呢？发出异味的卫生间自然也不存在。就这样，人们在天国里以完整的灵体永远活着。

天国哪一个住处都是如此。然而，人在地上受耕作期间，若是属肉的魂多，属灵的魂却甚微，那么在天国里，其灵体的光，相对是微弱的。按照各人在地的日子里打造属灵之魂的程度，进入第一层天国，或者进入第二层天国。唯独破除一切属肉的魂，完美打造属灵的魂，方能进入第三层天国或以上的住处——新耶路撒冷。

属灵空间中的灵魂肉

神因着祂的慈爱与公义，使我们照自己在地上所种的、所行的，得到相应的赏赐。一个人属灵光彩的强度，将决定他在天国的住处与地位，故我们应当为了快速成就属真理的灵魂肉，火热地祷告，发奋努力灵里进深。

三、神的礼物

永恒的天国，是神为蒙救恩的儿女们所预备的礼物。我们在
这地上受神的耕作，将自己打造成合神心意的人，将来必在
天上得着相称的住处，永世得享幸福美好的天国生活。

耕作人类，收割"麦子圣徒"的神巨大的工程，现今也在进行
着。神在寻找这样的人，就是相信天地万物中所显明神的永能与神
性，并遵照神的话语生活的明亮如水晶的灵魂。《圣经》处处可见
关乎"末时"和"世界的末了"的记录。因此，凡灵里警醒的人，都
有一种预感——过不多时，神耕作人类的工程就要完毕。

自亚当犯罪之后，人类通过"生命的种"繁衍后代，经历生、
老、病、死，并发展了文明。耕作人类的工程一旦结束，神将创世
以来蒙救恩的所有麦子圣徒，邀请到第二层天上的"空中"。在那
里神为我们摆设婚姻筵席，历时七年，我们将与主分享爱与被爱
的幸福，其豪华程度超乎我们所思所想。

"我们要欢喜快乐，将荣耀归给他。因为羔羊婚娶的时候
到了，新妇也自己预备好了，就蒙恩得穿光明洁白的细麻
衣。这细麻衣就是圣徒所行的义。天使吩咐我说：'你要
写上，凡被请赴羔羊之婚筵的有福了！'又对我说：'这是
神真实的话。'"（启示录19章7节-9节）

神的慈爱不止于此。就像婚礼完毕，新婚夫妇去度蜜月旅行一样，婚姻筵席结束后，我们将与新郎主耶稣一同从空中降临到地上，作王一千年。神重新修造耕作人类的基地——第一层天，使蒙救恩的圣徒们能够与主尽情分享真爱。

> "在头一次复活有份的有福了、圣洁了，第二次的死在他们身上没有权柄。他们必作神和基督的祭司，并要与基督一同作王一千年。"（启示录20章6节）

神为我们预备了如此奇异的恩典，等到千年王国时代结束，祂将揭晓为心爱的儿女们所预备的礼物。就是通过白色大宝座审判，照各人在信仰里面的行为赏赐各人，并照各人信心的大小，分配天国的住处。使祂自己的儿女们以完整的灵体，在那没有哭号、忧愁、苦痛、疾病、死亡的第三层天上，永世得享充满和善与仁爱、幸福与欢乐的天国生活。

> "在我父的家里有许多住处；若是没有，我就早已告诉你们了。我去原是为你们预备地方去。我若去为你们预备了地方，就必再来接你们到我那里去；我在那里，叫你们也在那里。"（约翰福音14章2节-3节）

新天新地

天国的天蔚蓝而明净。神使天国的天空呈蓝色，是因为蓝色能使人感到天空的深邃、高旷和明净。神因着慈爱，使祂自己的儿女们望着明净的天空，带着水晶般明亮而美丽的心灵，永世得享天国的美福。

天国的天上也有云彩，如同装饰品点缀着天国的美景，并给生活在天国的人们心中增添幸福感。当进入新耶路撒冷城的人望着天空，思想并赞美神的慈爱时，体贴主人心意的天使们就用云彩造出爱心造型，或者书写各种字词。

天国有神的荣光普照新耶路撒冷直到乐园的边陲，是太阳光所无法比拟的（启示录22章5节）。神的荣光清澈明净、绚丽璀璨，直照乐园的人，会使他们因着耀眼而不能仰面。于是神调节新耶路撒冷以外的其它地方，使得第三层天、第二层天、第一层天、乐园的荣光之强度，依次由强渐弱。

而且天国也有春、夏、秋、冬四季的更替，是因着神的大能所运转的。在天国四季并非不可或缺，但神之所以如此安排，乃是为了使自己的儿女们欣赏不同季节所演绎出的独特自然美景。在天国里，人们可以观赏到秋天的枫叶和冬天的雪景。

在地上从季节的变化中所曾觉得最美的各种要素，在天国我们都能淋漓尽致地感受到，但比地上的更绮丽完美。然而并不是说人们在天上也经历酷暑和严寒。虽有四季之分，但气温不冷也不热，对人们生活提供最佳环境。

天国的地不是以土构成的，乃是金、银和各种宝石铺成。密度高的铁，若成粉末状，一经风吹就会变成尘埃飞扬，但若呈细珠状，就不会如此了。构成天国之地的金、银、宝石，均为细微圆珠状，故天国里没有灰尘。

精金路和宝石路

天国所有的住处，均有精金铺成的路。当然精金所发出的光彩因住处而异。越挨近新耶路撒冷，越璀璨明亮。天国的精金质地坚硬，不像这地上的黄金那样柔软，但人走在其上会感觉很柔和。在地上，一块手掌大的金块，人一生中也难以拥有，然而在天上，路是精金的，宛如明净的玻璃，光辉灿烂，向远处无限伸展，这是多么壮观的场面啊！"精金"象征着永不改变的属灵的信心。进入怎样的天国的住处，取决于各人信心的大小，因此精金的光辉，因住处呈现差别。

神对乐园里的精金，没有赋予多少意义。然而，对第一层天国、第二层天国、第三层天国的精金，依次赋予了更重要的意义。这意义体现在光的亮度上。

除了精金路以外，还有花路、宝石路等，天国有各种各样的路。还有一种路，人只要站在那里就会自动运行，乃是神的能力使然。想象一下，一条遍满鲜花的路，人走在其上会是怎样的情形。灵体的重量似有非有，因此走在花路上，鲜花也不会受损。这些鲜花见到神的儿女们走近，就欢欢喜喜，散发更浓的芳香。

属灵空间中的灵魂肉

宝石路是以各种晶莹璀璨的宝石铺成的。每当踩在其上，宝石就散发出更加绚丽的光彩。宝石路在天国并非随处可见。这是神特别为那些完全模成主的心，为成就神耕作人类的旨意做出极大贡献的人们所修造的。因此唯独可以在他们的豪宅中和其周围环境中看得到。

明亮如水晶的生命水的河

生命水的河从神的宝座发源，环绕天国全地，又重新流归神的宝座。这河里的水，明亮如水晶，似流非流，平静舒缓。不会蒸发，没有污染，宛如在晴朗的日子，阳光照在海面上反射出宝石般晶莹剔透的光芒。滋养万物的生命水代表生命的源头——神的心，就是毫无黑暗、毫无浑浊、毫无瑕疵、毫无玷污的晶莹璀璨、清澈美丽的心、包罗一切的完全的心。

生命水的河，流遍整个天国，周而复始，循环往复，意味着神统治天国所有灵魂，使祂自己的子民日日度过充满恩典的幸福生活。生命水滋味甘甜，是人在地上未曾尝过的，令所喝的人带来生命、能力与充沛的灵力。

正如启示录22章1节所记"城内街道当中一道生命水的河"，生命水的河两旁有道路沿着河流延伸。因为生命水的河是从神的宝座发源，流遍整个天国，因此沿着河两旁的道路走，就可以到达神宝座所在的地方。

这里又包含着这样一层属灵的意义：在地上的生命历程中，

我们只要遵行永生水——神的话语，非但能到达天国，还能到达至美的圣城——新耶路撒冷。只要信而顺从本为道路、真理、生命的耶稣的话语、神在《圣经》上的真理的言语，我们就可以到达天国至高的圣城——新耶路撒冷。天国里除了生命水的河以外，还有大海、大大小小的湖泊，以及很多美丽的瀑布。

生命水的河与两旁道路中间，有以美丽的金沙银沙铺展的沙滩。天国的沙子圆润而滑柔，人们在其上翻滚，游玩，灵体也不受刮划损伤，也不会如尘沙飞扬，或粘在衣服上。

人们可以在生命水的河里游泳。在世不曾学会游泳的人，届时也自会驾轻就熟。在这地上，人要游泳比较繁琐，出入都要更换衣服。然而，在天国里，衣服不会被水浸湿，衣服上的水会呈珠滚落。因此人们穿着衣服随时可以自由自在地享受游泳的乐趣。

生命水的河两旁无尽延伸的精金路上有精美的长椅，周围可以看见十二样生命果树。启示录22章2节记载道："在河这边与那边有生命树，结十二样果子（"样"或作"回"），每月都结果子……"，这并不是说每月果熟蒂落复又结新果，而是说常有果子结在其上。

生命树果大小与香瓜相仿，形似苹果，微微泛红，色泽亮丽。十二种果子分别在光泽、大小、形状、味道上略有分别，被人摘取时，随即在原处复现。其味道之香甜，口感之美妙，是笔墨所难以形容的，仿佛棉花糖入口即化，回味无穷，这地上任何一种美果都不可与之相媲。

记得从前在祷告当中，神给我看见生命水河畔的美景。神的儿女们坐在用纯金或各种宝石修饰的长椅上，其乐融融地交谈着。交谈中若心生想吃生命果的意愿，随身伺候的天使便感知主人的心意，立刻将生命果盛在黄金花篮里送过来。与心爱的人们，坐在生命水河畔的长椅上，欣赏美妙河景，或一同散着步亲热欢谈，会是何等幸福欢乐啊！

天国的动植物

天国有无数个种类的鸟类和鱼类等动物。有的种类是这世上不存在的；这世上存在的，有的在天上则看不到。凡利未记11章所罗列的可憎的或不洁的动物，在天国里一概没有。

天国的动物体形比这地上的稍大，给人一种雄壮的感觉，性情温顺，善于顺从。动物的皮毛和鸟的翎毛散发着晶莹剔透的光泽和淡淡的清香。被誉为百兽之王的狮子也很驯良，一点也不凶暴，洁净的毛色，金灿的鬃毛，威风四射。

天国的动物见到神的儿女会非常快乐。尤其在新耶路撒冷，人们拥有私家动物，亦即宠物，有的甚至得赏动物园。这些动物非常灵巧，逗人喜爱。动物有魂，但凭着魂是不能明白主人心意的。天使照神赋予的功用，单单照神的指令行事，照样，天国的动物也是灵性的存在，它们知道怎样讨主人的喜欢，乖巧行事。

天国有着丰富多样的植物，包括生命树、果树、花卉等。这地上的植物生长主要依赖于通过根系吸收养分，通过叶子进行光合作用。然而，天国的植物没有这些作用，它们靠着神所赋予的生命力而永远活着。植物虽然有根，但不具有吸收养分的功用，只是不同植物的个体性区别。当然花型、芳香、果实等是植物个体特征的主要代表，然而根也是其中一个特征。

天国的植物分别散发出独特香气，有的浓郁、有的清淡。它们有时以摇曳或下弯枝干的动作来表现某种意义。有时合着天使的赞美舞动身姿，有时倾吐美妙芳香来赞美神。

这就是天国的植物，无论经过多少岁月，叶不衰残，花不凋零，果不蒂落，香不减弱，色不褪败。花朵被摘下，随即原处复生，重新绽放。果实也不例外。摘下来的花朵不枯萎，保持原有的新鲜。人愿意将它留着欣赏，就可以将它保存永久，若想处理，它就立刻分解消散。有的种类，将花瓣捣成粉末，就会散发更为浓郁的芳香，主人可以将其装在瓶里长久保存。

每样植物都具有独特的香气，都是那样的怡人，有清新的，有甜蜜的，有淡雅的……。不过植物所具有的香气和所蕴含的意义，因着住处的不同而有分别。例如：乐园的玫瑰只是诸多花卉的一种，然而在新耶路撒冷，谁家有玫瑰，其馨香中就融有家主的情怀。玫瑰为来访的客人倾吐芳香，就可以代表主人的心。总之，在新耶路撒冷，玫瑰所散发的芳香，因着主人的不同而不同。

而且，新耶路撒冷的植物并非在其它住处均有分布。从新耶路撒冷到乐园，越往低端的层次走，种类越是有限，即使是同样的品种，使用权限也是有限的。乐园的绿茵地的光泽，以及坐在其上时的温馨的感觉，跟新耶路撒冷相比呈现巨大差异。

包括动植物在内的天国万象，无一不是神为蒙救恩的儿女们所预备的。在地上的年日里，单单遵照神的旨意生活的人，在天国里必然得享想要的一切。

天国的文化生活

神为了给儿女们带来更大的欢乐与幸福，在各个住处安置了多种休养设施、娱乐设施等。规模宏大，项目多样，其乐无穷，这地上的迪斯尼乐园也无法与之相比。

在天国，人们具有完整的灵体，故乘坐像翻滚列车之类的游乐设施时也不会产生恐惧感。反而兴致盎然地饱享紧张而刺激的快感。即使没有游乐设施，令人开心和快乐的事在天国多得不可胜数。在世上，人们发挥自己的才能培养各种兴趣爱好，丰富自己的生活，同样，在天国里人们也会享受兴趣爱好。

在那里人们可以尽情地享受曾经在世经历过的乐趣，以及因着忙于圣工而克制自己，放弃享受的一切，而且还会学一些新颖的项目。假如学习钢琴、小提琴、长笛、竖琴等各种乐器，人们很快并且很容易掌握演奏技巧，因为在天上人人都具备高超的智慧。

天国的所有运动项目，都没有受伤的风险，按照一定的规则进行实力较量。有集体项目比赛，如排球、篮球、足球、棒球、网球等；也有个人项目比赛，如滑雪、高尔夫球、保龄球、游泳等。滑翔、帆板、快艇等项目，也是人人都可以享受的。一切体育设施和运动器材毫无发生事故的危险，均以黄金宝石所修饰，给人增添欢乐与幸福。

在这地上，人们通过赢得竞争，享受胜利的喜悦。然而天国的世界不是这样的。与心爱的人们进行比赛本身就已令人得到满足的喜悦。不决胜负的比赛有何意义？或许有人这么想。但天国毫无邪恶，因此，给对方带来更大的欢乐和裨益，才是取胜的标准。

当然也有通过善意的竞争分享欢乐的比赛。举例说：深吸花香，复又在众人面前倾吐。吐出的芳香越丰富，取悦人的程度越深，调配众香之效果越佳，所得的分数就越高。由于这种竞争旨在取悦别人，因此得神的喜悦。还有各种娱乐器材，比这地上的更有趣更丰富。不会像电脑游戏那样给人带来疲劳或视觉压力，故不会感到厌倦。

看电影，也是天国生活的一项乐趣。在电影院可以观看耕作人类期间所发生过的具有纪念碑意义的诸多事件。这些电影是以天地创造、挪亚时代的大洪灾、出埃及事件、耶稣传道生涯、十字架救赎的旨意、末时代圣灵如火般的运行、各时代信仰楷模的生平传记等题材制作而成的。

以关乎使徒保罗的生平传记的电影为例，他起初怎样遇见了主、后来以怎样的热心去爱主，怎样为主至死忠心等等情形，将会栩栩如生地向观众展现。甚至还可以了解到《圣经》上未曾记录的内容。他在遭遇人所难以承受的甚重苦难时、被关押在腓立比监狱中、遇着船坏落在深海里的时候，依然向神谢恩、祷告、唱诗的情形，如临其境般的生动场面向我们展现……想象一下，这是多么激动人心的场景！

天国的旅行和交通手段

届时我们可以畅游神秘而秀丽的天国各地的风景。天国处处呈现新颖而独特的美景。因为具有完整的灵体，所以经历持久的旅行也不会感到疲累，又因灵体的心是不改变的，所以重游故地，也不会感到厌倦。

人们旅行或移动的时候会利用交通手段。有大众交通手段，如天国列车；也有私人的，如云彩轿车、黄金马车等。天国列车以缤纷璀璨的宝石所修饰，提供极致舒适的乘车环境。欣赏窗外——掠过的风景，也是一种极美的享受。

住在乐园的圣徒应邀到新耶路撒冷，就可以坐上天国列车。列车以超快的速度在空中飞翔。云彩轿车不是以水蒸气构成的，乃是用荣耀之云所造就的，仿佛一个为天国增添荣美的装饰品。出行时驾着荣耀之云，会更显威严与权柄。《圣经》记载主再来的时候要驾云降临（帖撒罗尼迦前书4章16节-17节；启示录1章7节）。因为驾着荣耀之云来，更衬托其威严和权柄，并且场面壮丽无比。

神针对进入第三层天国以上住处的人赏赐云彩轿车。云彩轿车在第三层天国是为公用的，在新耶路撒冷则是私有的。因此云彩轿车本身代表着车主的尊荣。

进入新耶路撒冷的人可以驾着云彩轿车，与主一起旅行。云彩轿车主要由天使驾驶，有供一人乘坐的个人用，也有供多人乘坐的集体用，形状多样、颜色各异、装饰多彩。另外，云彩轿车还有片云状的。在高尔夫球等比赛中，当人需要近距离移动时，这片云状的云彩轿车就照人的意愿，从脚前停候的状态中自动将人飘然轻盈地挪送到目的地。

天上的敬拜与教育

在天国，人们也要献礼拜。讲道当然是由神亲自讲，人们借此细细领会神的元本属性和从太初永存的灵界之奥秘。还有聆听主话语的时间。人们还会与神、主、圣灵进行对话，这便是天国的祷告。人们还用新歌来赞美神的荣耀。

当人到更高层次的住处参加礼拜时，必须要换穿适合于那里的衣裳。新耶路撒冷的礼拜实况直播到各个住处，人们可以在各自的住处参加礼拜。这并不是通过复杂的机器或设备所运作的，而当天使们在天上铺展布状背景时，随即出现真实生动的画面，加上每个住处的照明和色调也调节得恰如其分，人们便完全融入到现场氛围中。

调节各住处的照明亮度的原因是：若在没有调节的状态下播放神的形像，生活在第三层天国以下的人们便因着耀眼而无法观看。当然，生活在第二层天国以下的人们因良心上的亏欠而羞于抬头仰望神的面。

尤其乐园里的人由于勉强得救，愧见神的面，便不能正面凝视画面。除了神亲自引导的礼拜以外，还有主和圣灵，以及摩西、保罗等古人先知应邀引导的礼拜。

到了天国我们还要继续学习新鲜事物。神的国度永恒无限，有关太初自有的创造主——神的知识是学无止尽的。从无限的既往到永远的将来，独自掌管宇宙万物的神，祂的情怀深不可测，人无从参透。届时人们意识到天国充满着真正值得学习的事物，那里的学问越学越有趣、越学越快乐，不像这地上的学习经久令人枯燥、厌倦。学之即悟，一悟永悟，一明永明，学起来非常轻省。在听讲的同时，眼前展现立体画面，人们可在情景交融的生动的现场感中进行学习。

"要有光！"——起初，这一神元本的声音在发响的同时，光便形成，光暗就分开……想象一下这种场面在眼前展现！诸水之间形成穹苍，水分为上下的情形，又是何等奇妙壮观！面对神创造之工的奇妙，人自然而然将敬拜与赞美归给全能的神。学习生活如此富有乐趣，人们便不会感到枯燥。

天国的各种宴会

天国的各种宴会是一种欢乐的极致。因为借此能将天国的富饶、自由、荣美尽收眼底，畅享无遗。宴会开始，各人穿戴自己最美丽的服饰和冠冕，欣赏别致的演出，或同心爱的人们跳起舞步。在天国，即使是不擅长跳舞的人也能很快学会跳舞，并且跳得非常出色，因为具有完整的灵体。

在这地上，当人领受圣灵的感动、感化和充满，进入说新方言和唱新歌的境界时，手臂不由自主地顺着旋律舞动，将赞美与敬拜归给神。在天国，人们由于具有完整的灵体，可以顺着任何一种音乐，跳起优美的舞步，甚至可以表演独舞，归荣耀与神。

天国的宴会种类多样，其规模和档次因住处而异。首先在新耶路撒冷，有以三位一体之神的名义摆设的宴会，也有单独以圣父、圣子、圣灵的名义摆设的宴会。以三位一体的神共同的名义举行的宴会上，有时天国所有住处的子民皆都应邀出席。

例如：当我们经过白色大宝座审判，获得奖赏，分别初入天国各层住处时，在新耶路撒冷将举行首场盛宴，届时神将邀请天国所有子民赴宴。然而，新耶路撒冷和第三层天国会有全员参加，第二层天国、第一层天国和乐园等住处则只有一部分代表参加。

其它住处的人若要参加新耶路撒冷的宴会，须要提前做好相称的妆扮。首先要换上能适应新耶路撒冷的衣裳，因为各住处人们灵体的亮度有所不同。换上新耶路撒冷所提供的新衣，不仅有助于适应那里的环境，也能具备与新耶路撒冷宴会的规格相称的形像。

在新耶路撒冷，更衣的场所另有安置。那里有无数种服饰，天使照着人的意愿伺候人更衣。从乐园来的人更衣则得不到天使的帮助，须亲自动手。新耶路撒冷的衣裳灿烂耀眼，穿在身上荣美无比，无以形容的感动袭上心头。因为这衣裳本是不配的穿的，他们便深感惶愧。

在新耶路撒冷，冠冕跟衣裳不同，并非另有预备，各人必须将自己的拿来戴上。第三层天国的人所戴的冠冕跟新耶路撒冷城的相比区别很大，冠冕右侧贴有圆形标志。来自第二层天国、第一层天国和乐园的人，右胸前贴有圆形标志，自然区别于新耶路撒冷和第三层天国的人。第二层天国和第一层天国的人也戴着自己的冠冕参加宴会，但乐园的人没有冠冕可戴。

天国各住处的筵席

天国各种宴会的一切事宜——包括布景、饮食、接待、服事等等，大致上均由天使来担当。就像飞机有头等舱、公务舱（二等舱）、经济舱（三等舱）之分，并且各舱舒适度和服务质量依次呈现差异一样，在天上，天使伺候的程度、服事的水准，以及宴会的配置，按住处的不同而呈现差异。

如果把新耶路撒冷的宴会比作王室或贵族的宴会，那么乐园的宴会则只是平民百姓邻里团聚共欢的筵席。这只是一个比喻，实际上乐园的筵席并非简陋寒碜。而是较比新耶路撒冷的宴会，在规模和水准上呈现显著差异。

乐园的筵席都是集体操办的，没有个人主办的。由于没有天使的服事，需要亲手张罗果实、饮品等筵席所需的一切。乐园虽是最低端的住处，但那里没有邪恶，只有良善与仁爱，因此大家存着欢喜的心筹备筵席，互相服事，互相关爱，使得所操办的筵席充满幸福与欢乐，这种幸福与欢乐是这地上任何一个豪华盛宴上都品尝不到的。更何况人们在新耶路撒冷宴会上所得到的感动、喜乐与幸福会是何等巨大啊！

演出和演员

歌舞是这地上的筵席所不可或缺的，在天国的宴会中也占据重要部分。在天国的宴会上，人们可以欣赏到美丽天使佳美的舞姿，或它们用各种乐器奏出的奇妙旋律和动听的歌喉。演员们与天使们互相配搭着表演唱诗和奏乐。天使的演唱、演奏和舞蹈技艺精湛，完美无缺。但神更喜悦祂自己的儿女们所献上的赞美、舞蹈和演奏。因为他们深明神的心意，所献的作品出于浓郁的爱心。

新耶路撒冷还有特殊剧场，比纽约的卡耐基音乐厅、麦迪逊广场花园、悉尼歌剧院更加宏伟壮丽，常有演出举行。演员演出的目的不在展示自己的才华与实力，而只在归荣耀与神、为主和众人增添快乐与幸福。

演员阵容主要以曾在地上以律动、舞蹈、演奏、圣剧等大大荣耀神的人所构成，他们还会重现曾经在这地上演过的节目。其中还有在地上有过这方面的梦想却因某种原因未能如愿，而进入天国之后学习掌握赞美与舞蹈技能的人，在天国，我们也可以看到他们的表演。

这些艺能团队中，有的专属于新耶路撒冷，有的专属于第三层天国，有的专属于第二层天国或第一层天国，这取决于他们成就灵心的程度。新耶路撒冷专属的赞美歌手、舞蹈演员和演奏者乃属一流，为天国所有子民所熟知，博得众民的喜爱。因为以三位一体之神的名义举行的新耶路撒冷的宴会或公演，均通过影像实时直播到天国全地。在人最适合的视线高度的空中展现大型屏幕，人们可以通过栩栩如生的立体画面，在如临其境般的感受中观看。因此，其它住处的人们可以融入到新耶路撒冷的宴会或公演的现场氛围和感动中。这地上的明星随处有很多粉丝追从，在天国那些以唱诗荣耀神的人们，有专司赞美的天使们随从，尽其所能取悦自己的主人。

得到众多天使的爱戴和称颂的生活

新耶路撒冷有一个女人，得享极大的尊荣，有许多天使服事她，因为她活在地上的时候打造了完全的灵心，她就是抹大拉的马利亚。她身穿光彩亮丽的托地礼服，头戴璀璨的冠冕，长发垂至椎端，其姿态仪容美丽耀眼。

抹大拉的马利亚在这地上生活的时候全然成圣，因此她的灵体上散发出极为灿烂的荣耀之光。加上声音中透着柔和与谦卑，宛如溪水潺潺流淌。娓娓动听的话语中散发着谦和良善的馨香，令所听的人，甚至天使也深受感动。于是抹大拉的马利亚身边总有天使们随从，赞美她那良善的馨香。

尤其因她得居常见神面的荣耀地位，仅观其貌也能深深感受到神的慈心、威严和荣光。抹大拉的马利亚是怎样得着如此荣耀的地位呢？

抹大拉的马利亚自从遇见主以后，身上的许多疾病得到医治，从黑暗势力的束缚中得到释放。她因感谢这一恩典，始终以不变的心志服事恩主。当耶稣承受十字架的刑罚时，许多曾经跟从祂的人们都离他逃命，然而唯独这抹大拉的马利亚坚贞不渝，依然跟从主，还到葬耶稣的坟墓那里，要用香膏膏耶稣。就是如此这般坚贞不渝的美好内心，使她得居于挨近神宝座的住处。

神愿意与像抹大拉的马利亚一样成就善美之心的真儿女们，永远分享爱与被爱的幸福，并愿意听他们赞美祂的颂歌。以赛亚书43章21节说："这百姓是我为自己所造的，好述说我的美德。"神喜悦的不是人动听的歌喉、优美的舞姿，或精湛的演奏，乃是真实的爱和发自善心的颂赞。神也经常吟唱诗歌。将独生爱子耶稣所行的事或依靠圣灵的大能荣耀祂自己名的事，合着美妙的旋律和节奏吟唱。

神的歌声极其美妙，是无人能模仿的，听者无不陶醉其中。这歌声是足以震动整个宇宙的极大的声音，但并非天国所有的人都能听到。唯独在新耶路撒冷得居于神宝座近处的人才能听见。惟愿圣徒们成就全灵，在永恒的天国得享极大的尊荣，永世赞美神的荣耀，欣赏神美妙的歌声。

超越人类的极限

体验神的空间的人们
何为得见本为光的神的形像？

"我实实在在地告诉你们：
我所作的事，信我的人也要作；
并且要作比这更大的事，因为我往父那里去。"
(约翰福音14章12节)

神的空间

神的空间是无限的,迥异于人的空间。人只要获得神儿女的身份,
就可以靠着神无限的权能,超越人类的极限。
在神的空间里凡事都能:可以使无变有,化死为生,所愿皆成。

怎样共享神的空间

显现创造大能的神的空间

超越时空的作工

经历空间移动的人们

超乎公义的爱之境界

空间（space）是指与时间相对的一种物质存在形式，表现为长度、宽度、高度，或指某种领域和世界。比如：如今网络空间向所有的人敞开，但运用程度因人而异，这取决于各人掌握电脑功能的程度，以及操作能力。与此同理，我们随着对神的空间的理解并运用程度的加深，可以亲身经历到《圣经》上的诸多奇迹事件。

属灵的世界并非存在于遥远宇宙的尽头，而与属肉的世界非常相近。就像我们在家中打开窗户就可以看到外面的景象一样，灵界的门一打开，我们就可以看到属灵的空间。

《圣经》记载复活的主在门徒们的注视中被接升天的场面。"说了这话，他们正看的时候，他就被取上升。有一朵云彩把他接去，便看不见他了。"（使徒行传1章9节）讲述的是这样一种情形：在有云彩的地方，无形的属灵空间打开，主被接入其中。这样，当我们明白属肉的空间和属灵空间的奥秘，《圣经》上的许多疑难章节便会迎刃而解，豁然开朗，信心更加充足，对天国的盼望越发加深。

人是这样一种存在——无法超脱时间和空间的极限。但只要成为神喜悦的真儿女，就可以超越人的极限。他们将来必然进入属于第三层天的天国，得享永生与尊荣，这是属于第二层天的邪灵所无法侵扰、有灵的活人亚当也不配进去的空间。不仅如此，他们在地上的生命历程中，时常经历属于第四层天的神无限的权能。

"你们既为儿子，神就差他儿子的灵进入你们（原文作"我们"）的心，呼叫：'阿爸，父！'可见，从此以后，你不是奴仆，乃是儿子了。既是儿子，就靠着神为后嗣。"（加拉太书4章6节-7节）

从神的视角论空间与维度

第一部内容中论到广博的属灵空间，提及神立定耕作人类的计划，将原本统一的空间分为好多不同维度的空间。如果说原本的空间是一个大圆，那么诸天之一的第一层天，乃不过是包含于其中的极小一个空间。在设置诸多不同维度的空间时，神立了一个原则——就是高维次涵盖并治理低维次。

在神看来，第一层天，亦即包括地球在内的太阳、月亮和繁星等我们肉眼可见的宇宙，乃至一切属肉的世界是一维空间。这是属肉的世界，故经不起岁月的考验，都必变质、腐朽、死灭。二维空间是第二层天的空间，从二维空间开始则是属灵的世界。第二层天大致分为光明的领域和黑暗的领域。光明的领域中有伊甸和其中的伊甸园。与伊甸相接的另一方是黑暗的领域，是空中掌权者——众恶魔所安营扎寨的空间。

三维空间乃是得救的神的儿女永世生活的天国。以神的宝座所在的圣城新耶路撒冷为中心，按人信心的大小，区分不同的住处。四维空间是指第四层天，这是元本的神以光和声音的形式存在的空间。三位一体的神住在第四层天，统治第一、第二、第三层天，超越时空彰显创造的大能。

这一神秘的四维空间乃是神的空间，是元本的神所在的地方，可想而知那里会是何等地荣美！此处除了圣父、圣子、圣灵三位一体的神以及几个受许者以外，任谁都不能涉足。

神的空间是既玄妙又无限的空间，可以使有变无，也可使无变有；可使物体自由自在地转换固体，液体和气体。此处唯独具备相当资格的人才能进去。现在我们一起游历这一神秘而奇妙的神的空间。

神的心就是神的空间

太初，神所在的空间是我们肉眼看不见的属灵的世界。那时的宇宙是一个独一的空间，还没有灵界与肉界之分化。绚丽璀璨的光中含着声音，这是当时神存在的形式，祂运行在整个宇宙空间，独自掌管一切。

这样，元本的神以光和声音的样式存在，心里怀着整个宇宙空间。神的心包藏着整个宇宙空间。为了便于理解"心怀空间"这一说法，打一个比方：当我们心中怀念故乡时，那空间的情景会在心中浮现，若是心中想象现在的故乡应该是如何如何的情形……这样，我们的心已飞到了那个空间。当我们思念某个人时，回忆起昔日与他同在的时光，我们的心便已到了那个空间。

然而，神只要心怀意愿，便超越时空即刻临格于宇宙中任何一个地方。人们将神这样的属性形容为"无所不在"。正因为如此，神的心可以包藏整个宇宙，并且掌管万有，面面俱到。

> "歌颂那自古驾行在诸天以上的主。他发出声音，是极大的声音。"（诗篇68篇33节）

这里"驾行在诸天以上"是表示神掌管诸天，包括第四层天的空间。又将神的声音形容为"极大的声音"，这不是凭着我们的听力所能听到的。神发出创造元本的声音，万物无不顺服，其权柄与威严震动诸天。

怎样共享神的空间

神希望心爱的儿女们拥有祂的空间，从而能够治理所有的空间。若要共享神的空间，必须满足前提条件。因为有神为了耕作人类而设立的慈爱与公义的法则。公义是指神的法度和规则。就像这世界有各种法律或交通法规等，灵界也有神的法度，这神的法度就是公义。

那么"共享空间"是什么意思呢？是指将空间完全怀在心里。

当然我们即使心怀神的空间，也不会像神那样显现无所不在的能力。只是能够在属肉的空间——这地上，彰显唯独在神的空间里所能有的奇妙的事。

神区分空间，是按着与各层天相称的公义与爱。第一层天、第二层天、第三层天、第四层天，公义的境界依次更深更广。就这样，各层天在神的公义中井然有序地运转。各层天之间之所以公义的水准存在差异，乃是因为爱的水准各有高低。爱和公义是不可分割的，爱的境界越高深，公义的境界也相应高深。

耶稣挽救行淫时被拿的妇人，也是在超乎公义之爱的境界中成就的（约翰福音8章）。针对这个妇人，人们凭着第一层天的低水准的公义，闹着要用石头打死她。然而，具有最崇高的第四层天之公义的耶稣，显出了蕴含在公义中的真爱，说："我也不定你的罪，去吧！从此不要再犯罪了。"（约翰福音8章11节）。

唯独神的慈爱与公义完全成形在心里，我们方能拥有神的空间，自由穿梭于所有空间。并且开启属灵的眼睛，悟透属灵的法则，参透属肉空间的万事。耶稣丝毫无罪，却代替罪人被钉十架受死。祂以超乎公义的慈爱，拥有神的空间，彰显惊人的权能作为，叫死人复活，医治各样病症，平静了风浪，并参透一维空间的人之心思意念（马太福音9章）。

一维空间里的人自然受到属肉空间的制约。但我们只要相信耶稣基督，从圣灵重生，开垦心田，打造灵心，就会脱离那一切制约。若成为属三维空间的属灵的人，全灵的人，即使生活在一维空间里，也能使属二维空间的仇敌魔鬼、撒但战兢恐惧（约翰一书5章18节）。

创世记1章28节记载神照着自己的形像造人，并赐福给他们，有对他们说："要生养众多，遍满地面，治理这地；也要管理海里的鱼、空中的鸟，和地上各样行动的活物。"有灵的活人——亚当是属于第二层天的，因此神赐他治理并管理第一层天之万物的祝福。

同样，我们只要具备第四层天的神的公义与慈爱，就可以超越人的极限，彰显第四层天的神的权能。因此耶稣对我们应许说："我实实在在地告诉你们：我所作的事，信我的人也要作；并且要作比这更大的事，因为我往父那里去。"（约翰福音14章12节）。

显现创造大能的神的空间

在神的空间里，凡事随着心愿而成就。尤其显现创造的功效，就是起初神用话语创造天地万物时彰显的创造之能。耶稣彰显创造的大能就是因共享神的空间。耶稣传道生涯中头一件神迹——变水为酒，就是代表性的例子。

有一天耶稣应邀出席婚宴，中途酒用尽了。马利亚见状心情焦急，便将此事告诉耶稣，并请求祂帮助。起初耶稣没有允准马利亚的请求。但马利亚并不失望，表现出自己信心的坚持。因她清楚知道耶稣是谁，也知道祂的能力——可以使水变成酒。马利亚相信所求的已经得着，便指示用人照着耶稣的吩咐去做。

耶稣便照着马利亚的信心彰显了神迹。祂吩咐用人把六口缸倒满了水。他们就倒满了，直到缸口。耶稣又吩咐他们将缸里的水舀出来送给管筵席的，他们就遵行，此时那水已经变成了葡萄酒，味道美妙无比。像这样，耶稣心中一怀愿，六个缸里的水即刻变成美味的葡萄酒。

如此在神的空间里，只要心怀意愿就显现创造之功效。当然，耶稣彰显创造之工，并非随时任意所为，而只在合乎公义的情况下彰显的。这一神迹的出现，也是基于马利亚全备的信心充足了公义。

耶稣曾经拿五饼二鱼，或七饼二鱼饱足了数千人。这一神迹的彰显是依着怎样的公义的条件呢？

"耶稣叫门徒来，说：'我怜悯这众人，因为他们同我在这里已经三天，也没有吃的了。我不愿意叫他们饿着回去，恐怕在路上困乏。'"（马太福音15章32节）

数千名群众因爱慕耶稣，并渴慕祂的教训，整整三天与耶稣同在。他们听着耶稣所传讲的信息，看着病人得医治的情形，一同欢喜快乐。他们对耶稣的信心，就这一刻还是充足的。在这信心的基础上再加上耶稣的爱，公义便得以成立，可以彰显创造的功效。

经历创造作工的撒勒法的寡妇

列王纪上第17章也出现与此类似的创造之能。以利亚遵神的吩咐到西顿寻见撒勒法的寡妇时，这位寡妇正处在极度窘迫的境地。因着持续长久的干旱，已是断米绝粮，坛内只剩一把面，瓶里仅存一点油。可是以利亚却仍叫那寡妇先为他作一个小饼给他吃，并将神祝福的应许传递给她。

> "因为耶和华以色列的神如此说：'坛内的面必不减少，瓶里的油必不缺短，直到耶和华使雨降在地上的日子。'"
> （列王纪上17章14节）

撒勒法的寡妇听罢立刻照着行，没有半句托词或辩解。若是按常理，在这种境况中她是无法顺从的。这可是用来维命的最后一点食粮，把它吃完，除了等死别无选择，然而当此状况下以利亚却仍叫她作饼给他吃，换了别人会以为他是厚颜无耻之人。但撒勒法的寡妇并没有这样的意念。神感动了她的心，使她认识以利亚是神人先知，她就诚然顺从，并供养以利亚。撒勒法的寡妇因这一善行，得到怎样的祝福呢？

> "妇人就照以利亚的话去行。她和她家中的人，并以利亚，吃了许多日子。坛内的面果不减少，瓶里的油也不缺短，正如耶和华藉以利亚所说的话。"（列王纪上17章15节-16节）

这里"许多日子"是指很长的岁月。面油不缺短，是创造之功效显现的印证。那么以利亚是怎样行出这唯独在神的空间中所能彰显的创造之能呢？这件奇迹的成就并非因着他共享神的空间，只是因着他限时感知、读懂神的心怀和意旨。这里"限时"意指面对某种事时，就在那一刻暂时读懂神的心意。有时神为了成就祂自己的旨意，引导人暂时读懂祂的心意。

以利沙先知虽然因着忠实地跟从恩师以利亚而得到加倍的灵感，但在未领受神指示的情况下，他全然不知书念妇人的苦衷。书念妇人因竭诚服事神人以利沙而蒙神赐福生了一个儿子。不料，一天孩子突然夭折，便不顾一切奔去见以利沙。然而在妇人陈述之前，以利沙却对其来由一无所知。

> "妇人上了山，到神人那里，就抱住神人的脚。基哈西前来要推开她，神人说：'由她吧！因为她心里愁苦，耶和华向我隐瞒，没有指示我。'"（列王纪下4章27节）

我们若想读懂神的心，运用神的空间，第一要紧的就是成就全灵的心，对神具有全备的信，完全的顺从。除了以利亚以外，亚伯拉罕、摩西、保罗也常运用神的空间，因为他们成就了全灵的心。神对他们下任何一道吩咐，他们都能领悟蕴含其中的神的心怀和意旨。因为提前对神用怎样的方式作工有所预感，心中预知即将在神的空间里成就的事，所以灵里能够刚强壮胆。

以利亚之所以能够放胆宣告神的大能，使火从天而降，也是因为心里预先感知神会怎样显应。他向撒勒法的寡妇要仅剩的最后一点食物时也是如此。我们若与神形成信赖关系，即使是不合现实、不合常理的事，也照着神的话语去顺从，神必照着我们的信心成全我们。因为以利亚先知和撒勒法的寡妇双方都符合公义，所以显现了创造的功效。

撒勒法的寡妇因信赖神人以利亚先知，就信他口中所出的话为神的言语，便没有动用人意，毫不犹豫地顺从。从而得以共享以利亚所应用的神的空间，经历到神奇妙的作为。

> "……要听我说：信耶和华你们的神，就必立稳；信他的先知，就必亨通。"（历代志下20章20节）

以利亚因着信赖全能的神，得以运用独有神能拥有的空间，撒勒法的寡妇则因信赖以利亚，被神的空间所包围，便得以经历创造的功效。凡在信心、顺服与行事上与运用神空间的神人合一的人，神都赐给他们享用神空间的祝福。

烈火的窑中蒙神保守的但以理的三友

以拒绝叩拜偶像为由，但以理的三友被扔进烈火的窑中。由于窑中比平时烧热七倍，甚至将他们拿下火窑的士兵靠近烈火时也被烧死。在这种情形下，看来被捆扔进火窑的三人也是毫无生还的指望。然而，结局怎样呢？

> "那时，尼布甲尼撒王惊奇，急忙起来，对谋士说：'我们

捆起来扔在火里的不是三个人吗？'他们回答王说："王
啊，是。"王说：'看哪，我见有四个人，并没有捆绑，在
火中游行，也没有受伤，那第四个的相貌好像神子。'"
（但以理书3章24节-25节）

分明扔进火里的是三个人，却见四个人在火中游行。其中一
人，在王看来跟一般人不同，仿佛是神子。本来灵性的存在是人不
能凭肉眼看见的。但神给王开启了灵眼，使他可以看见。随后三人
从火中走出来，可见"火无力伤他们的身体，头发也没有烧焦，衣
裳也没有变色，并没有火燎的气味。"（但以理书3章27节）。

怎么会发生这样的事情呢？但以理的三友彻底蒙神保守的原
因是他们被神的空间所包裹。这种奇事通过"像神子一样的人与
他们同在"的记载可以得到证实。

那么与他们三人在火中的"神子"是谁呢？就是圣灵神。因为
圣灵神亲自与他们同在，所以事发现场被神的空间所包裹。

使玛拉的苦水变甜的摩西

出埃及记第15章所记载的玛拉的苦水变成甜水的事件，也是
在创造主——神的空间所成的。以色列民过了红海，进入旷野已走
了三天的路程，却没有找到水。到了玛拉他们发现了水，却因水苦
不能喝，百姓就埋怨摩西。摩西向神祷告，神指示他一棵树，他就
把树丢在水里，水就变甜了。神看中摩西的信心与顺从，便用神的

空间围罩那水，显现创造的大能。

　　这样的创造之能在本教会也照样彰显，使神的名大得荣耀。我在首尔为千里之外的务安万民教会的咸水变成甜水祷告，结果蒙神垂听，照其成就。

　　地处全罗南道务安郡海际面的务安万民教会，四面环海，因海水渗入地层的缘故，打出的地下水也是咸的。在距离教会三公里处设置管道进行供水，但未能从根本上解决饮用水短缺的问题。务安万民教会的圣徒们仰望《圣经》上记载的玛拉的苦水变甜的神迹，凭着信心求神将海水变成甜水。他们还多次邀请我到务安为咸水变甜祷告。

　　2000年2月，为期十天我在山上祷告的时候，特别为务安万民教会做了祷告。其间务安万民教会的圣徒们也为教会和牧者定期进行接力禁食祷告，这十日期间，圣殿上空每天都有圆形彩虹显现。

　　山上的祷告已毕，我就下了山，于3月4日顺着圣灵的指示，为务安的咸水变成甜水祷告。虽然没有亲自下到务安祷告，但神超越时空作工在千里之遥的地方，使咸水变成甜水。

　　就是我的祷告和务安万民教会圣徒们的信心充足了公义，神便使惊人的创造之工显现出来。务安万民教会的地下水变成甜水至今一如既往地喷涌不息。务安甜水不仅已经过美国食品药品监督管理局（FDA）检测，被认定为对人体有益的饮用水，也彰显无数的医治功效，使务安甜水圣地，巡礼者络绎不绝。

化死为生的神的空间

在神的空间里非但显现创造的功效，也可以左右生与死；可以化死为生，变生为死，涉及到包括植物和动物在内的一切有生命的。

民数记17章记载亚伦的枯杖发芽的神迹，也是因着被神的空间包裹所致的结果。约经过一天的时间，枯木上"发了芽，开了花，结了熟杏"。即使是活树，从发芽至结果需要几个月的时间，但这一过程居然在一天的时间内完成，而且又是在无生命的枯木上发生的。这一切都是因着被神的空间包裹所成的事。耶稣咒诅无花果树，树立刻就枯死，也是同样的原因。

> "看见路旁有一棵无花果树，就走到跟前，在树上找不着什么，不过有叶子，就对树说：'从今以后，你永不结果子！'那无花果树就立刻枯干了。门徒看见了，便希奇说：'无花果树怎么立刻枯干了呢？'"（马太福音21章19节-20节）

耶稣使拉撒路死而复活的事件也是如此。约翰福音11章记载：当时拉撒路已死了四天，遗体已开始腐烂，发出恶臭。可是当耶稣大声呼叫的时候，拉撒路非但灵魂归体，开始腐败的躯体也复了原。就这样，在属肉的空间里无望恢复的事，在神的空间里可以瞬息间得以恢复。

我们教会有一个学生，一只眼曾经完全丧失视力，但后来得以重见光明。他三岁时接受了白内障手术。由于出现后遗症，导致严重的葡萄膜炎以及视网膜剥离现象。视网膜剥离现象是一种视网膜从眼球壁上剥离，看不清事物的症状。还伴有眼球萎缩症状，眼球渐渐萎缩，以至2006年一只眼彻底失明。

但于2007年接受我的祷告之后，恢复了视力。原本连光线都无法感知的左眼视力恢复到0.1，萎缩的眼球也恢复到正常大小。不仅如此，原本0.1的右眼视力也显著好转成0.9。这一附有医院详细资料的案例，在41个国家的220名医生参加的第五届挪威国际基督徒医生研讨会上发表，被列为反响最大的案例之一。

其他器官的组织或神经也不例外。即使遭事故或疾病导致神经麻痹，细胞组织坏死，只要被神的空间包裹，都可以恢复正常。各种肢体障碍，也能在神的空间里恢复正常。癌症、艾滋病、结核、感冒、热病等病菌或病毒引起的疾病也可在神的空间里彻底痊愈。

这类疾病，首先由圣灵的火临身，焚烧病菌或病毒。然后因着病变而受损的组织，在神的空间里复原，得到根治。患不孕症的夫妇同样如此，只要被神的空间包裹，他们的病因得以排除，以至能够正常怀孕。

超越时空的作工

在神的空间里显现的权能的功效，会超越时空而成就。因为神的空间涵盖并超越所有空间。诗篇19篇4节说："他的量带通遍天下，他的言语传到地极。神在其间为太阳安设帐幕。"表示住在第四层天上的神说话的声音传到地级。

从神的空间概念的角度上看，第一层天，即属肉的空间里，再遥远的地方也不过是咫尺方寸。据说光速每秒可绕地球七圈半。神的权能之光，别说是地球，就是宇宙的尽头也能瞬间到达。从肉体上讲的距离的远近，在神的空间里完全丧失概念。

马太福音8章里，一位百夫长到耶稣面前请求医治自己仆人的病。耶稣表示到他家里去医治，百夫长说："主啊，你到我舍下，我不敢当；只要你说一句话，我的仆人就必好了。"耶稣对百夫长说："你回去吧！照你的信心，给你成全了。"那时，他的仆人就痊愈了。

因为耶稣共享神的空间，所以只要发一声命令，就可以使远方的病人痊愈。百夫长能够领受这样的福气，是因为他显出了对耶稣的完全的信心。耶稣也称赞他的信心说："这么大的信心，就是在以色列中，我也没有遇见过。"

神对那些以充足的信心与祂合一的儿女们，无论昨日，今日，一如既往地彰显超越时空的权能作为。巴基斯坦的辛西娅曾因大肠闭锁症和麦胶性肠病（又称乳糜泻：小儿慢性消化障碍症），生命垂危。恰好停留在韩国的姐姐把辛西娅的相片拿来接受了我的祷告，结果显现超越时空的医治功效——辛西娅重获新生。

美国的罗伯特·约翰逊宣教士也通过超越时空的祷告所求蒙允。他因遭遇事故，脚筋腱断裂，剧烈的疼痛使他无法行走。但他没有接受医院的任何治疗，单单通过超越时空的祷告，得到完全康复。这就是在神的空间中显现的权能的功效。

使徒保罗行"非常的奇事"

使徒行传19章记载："神藉着保罗的手行了些非常的奇事"。当保罗奉耶稣基督的名斥责恶鬼的时候，恶鬼就出去，甚至通过他身上的手巾或围裙也彰显了医治的功效。他被毒蛇咬伤，却不受其害。他还预言将来的事。

"神藉保罗的手行了些非常的奇事，甚至有人从保罗身上拿手巾或围裙放在病人身上，病就退了，恶鬼也出去了。"
（使徒行传19章11节-12节）

这样，在神的空间里，通过手帕也可以彰显权能的功效。这是何等稀奇的事啊！通过我祷告过的手帕也给人彰显许多类似的医治功效。只要合神的公义，无论过多长时间，手帕中蕴含的权能是不会消失的。我们藉着它可以随时随地开启神的空间。因此，蕴藏着神权能的手帕是极其宝贵的。

不过，当人在没有信心的状态下不敬虔地使用手帕时，就不会显现任何果效。另外，非但用手帕祷告的人要符合公义，接受祷告的人也要符合公义。应当毫无疑惑地相信其中蕴含着的神权能。神准确无误地测定用手帕祷告之人的信心和接受祷告之人的信心，就按其合神公义的程度，显出相应的功效。

使太阳和月亮停止运行的约书亚

高维次能治理低维次的原因，应当归结为光的强度和时间的流速的差异。越往高维次的空间走，属灵的光就越强烈，时间的流速也更快。第四层天的光乃为最亮，其次是第三层天，往下以此类推。

时间的流速也是第二层天比第一层天快，第三层天比第二层天快。第四层天的时间的流速可以变快也可以变慢。因为神可以按照心愿自由运用时间的流速。就是可以将时间拉长，也可以将时间缩短，甚至可以让时间停流。

前面提到的创造之工，或化死为生的功效、超越时空的功效，皆是在时间停流的状态下成就的。从而在心怀意愿，或开口施令的同时，瞬间显现奇迹。

约书亚使日头停留，月亮止住的神迹，是在拉长的时间中成就的。约书亚10章13节记载道："……日头在天当中停住，不急速下落，约有一日之久。"这是在约书亚征服迦南地的过程中与亚摩利人争战时所发生的事件。在第一层天，当太阳终日停留上空时，会发生什么事情呢？

地球每天自转一周，要使太阳停住，地球必须停止自转。地球哪怕是片刻停止转动，整个地球，乃至整个天体，都要受到巨大的影响。那么，怎么可能发生太阳终日停留在天当中的事呢？

这个答案也唯独在神的空间中找得到。神在那一刻，将地球乃至整个第一层天的空间用神的空间所围罩。于是整个过程中，第一层天的一切都依循了属灵时间的流速。太阳终日停留上空，令人觉得过了很长时间，但其实流过的时间不过是一分钟或一秒钟而已。

因为此时整个第一层天遵循属灵时间的流速，所以属肉的时间则失去了意义。即使神的空间围罩局部空间，而非整个第一层天的空间，也不会出现任何问题。因为其它的属肉空间依然遵循属肉的时间流速。

以利亚奔在王的马车前

《圣经》上还记载着在缩短的时间中发生的神迹。正是列王纪上18章所记载的以利亚奔在王的马车前的事件。缩短的时间与延长的时间是相对的。假如属肉的空间中某一事物在一小时的时间内被神的空间所包裹。前面提到：在神的空间里时间可以随意延长或缩短，那么将一小时缩短为三十分钟，是否等于减少了另外那三十分钟呢？不是。而是一个小时的分量压缩成三十分钟。

比方说：将百米长的布铺开，从头跑到尾需要20秒。那么，将布折成一半然后再跑，需要几秒钟呢？50米的长度，应该需要10秒钟。这样，布折得越短，时间也相应缩短。由此可见，时间虽然缩短，但布的实际长度依然没有缺少。

在神的空间里压缩时间也是一样的原理。因此，以利亚虽是照自己的跑速奔跑，但因依循压缩了的时间，便能比王的马车跑得更快。就如客机以每小时约850至900公里的速度飞行，但乘在舱里的人却感觉不到飞行的速度。

"耶和华的灵(原文作"手")降在以利亚身上，他就束上腰，
奔在亚哈前头，直到耶斯列的城门。"(列王纪上18章46节)

为了躲雨，亚哈王的马车从加密山上疾驶而下，以利亚却奔跑在马车前头。以利亚之所以能够比马车跑得快，是因为他运用了没有时间和空间制约的神的空间。《圣经》将此形容为"耶和华的灵降在以利亚身上"。神的能力降临，以利亚的身体骤然被神的权能所包裹，便显出超乎人类极限的奇异之事。

经历空间移动的人们

使徒行传第8章记载：腓利执事顺着圣灵的指示，从耶路撒冷前往迦萨的途中，在旷野遇见了埃塞俄比亚的太监。腓利给这位太监传耶稣基督的福音，随后就带他下水施洗。太监从水里上来，腓利就不见了。前往迦萨的途中，在旷野行路的腓利，后来居然在叫亚锁都的城里现身。显然腓利是经历了时空瞬间转移。

> "从水里上来，主的灵把腓利提了去。太监也不再见他了，就欢欢喜喜地走路。后来有人在亚锁都遇见腓利，他走遍那地方，在各城宣传福音，直到凯撒利亚。"（使徒行传8章39节-40节）

若要经历这般时空"瞬间转移"，须要通过以神的空间所形成的属灵通道。这属灵通道中时间的流速若处于停滞状态，便可完成瞬间转移。

神使我们教会也经历如此奇妙的作为，就是通过蜻蜓使圣徒们间接地体验到属灵空间转移。通过以神的空间所形成的属灵的通道，其它地域的蜻蜓出现在我们所在的地方后又消失。成群的蜻蜓出现时，按照所形成的属灵通道的不同，呈现水平转移或垂直转移的现象。蜻蜓空间转移的现象始于2006年。

　　当时教会正在举行夏季修炼会。在修炼会场所出现了成群的蜻蜓，对蚊子等害虫进行"大扫荡"。这些蜻蜓是由已经长大的成虫，从四面八方通过空间转移迁过来的。其后有数以千计、万计的蜻蜓在圣殿周围巡翔，还出现在全国支教会，乃至圣徒的家庭和公司中。海外的支教会和圣徒们也不例外。

　　更令人希奇的是，当圣徒们伸出手指，呼叫蜻蜓时，它们居然毫无畏惧地落立圣徒指尖或身体各部位。蜻蜓是捕猎蚊子等害虫的能手，故在夏季它们成为人类对付害虫的得力助手。记得我小时候在农村，蜻蜓是很难捕到的。稍有动静它们就被吓飞。近年来在首尔上空，到了秋季也很难看见蜻蜓，因此蜻蜓群的出现分明是神的手段。

　　次年2007年，成群的蜻蜓异常地七月初就出现。蜻蜓本是夏季过后在秋季出现的，但在神奇妙的作工下，当时还处在幼虫状态的蜻蜓在经过属灵通道的时候，迅速长成了成虫。在经过四维空间的时候，它们的成长速度加快了。从而这些蜻蜓能够在季节未到之前就出现。

　　2008年，进而可以调节蜻蜓出现和消失的时期，包括数量。七月的头一周起，无数的蜻蜓从天上无止尽地倾泻下来。七、八月份各宣教会夏季修炼会分别在江原道和全罗道等地举行。在各修炼会场地，圣徒们得以亲眼目睹无数蜻蜓从太阳周围垂直倾泻下来的场面。这些蜻蜓降下来不飞往别处，纷纷落在圣徒们的脸上、手上和衣服上，每个人身上都有好几只。

当时修炼会主题恰好是"属灵空间"，故圣徒们的喜乐简直无法形容。圣徒们因着亲身经历蜻蜓顺着属灵空间而出现的奇事，可以悟透属灵的话语。藉着这一体验，圣徒们的信心得以成长，上了一个新的台阶。不仅国内如此，全世界的支教会也同样经历了此事。

这一奇妙的作为在2009年夏季一如既往地显现。当时各宣教会照常分别进行夏季修炼会，所出现的蜻蜓数量比往年更多。圣徒们亲眼目睹数以万计的蜻蜓通过在太阳周围开启的属灵空间倾泻而下的壮观场面。天上呈现片状的无数亮点，一闪一闪地降下来，仿佛洁白无暇的雪花漫天飘落。

出埃及的以色列民走过经强风的吹力所分开的红海时，也是借助于所形成的属灵通道。一个足以使海水分道的强风，其风力该多大呢？人一定连站立都困难。然而，约两百万以色列百姓，却在风中稳步走过红海。这是因为那里形成了隔绝强风的属灵通道。那么，以色列民为了进入迦南地过约旦河时的神迹又是怎样的情形呢？

"他们到了约旦河，脚一入水(原来约旦河水在收割的日子涨过两岸)，那从上往下流的水，便在极远之地、撒拉但旁的亚当城那里停住，立起成垒；那往亚拉巴的海，就是盐海，下流的水全然断绝。于是百姓在耶利哥的对面过去了。"（约书亚书3章15节-16节）

以以色列百姓所到达的地点为中心，上流的水停住，立起成垒，下流的水则继续流逝以至绝了水。此时属灵的空间在那里形成，貌似堤坝的形状。

利用属灵通道的各种事例

利用属灵通道，还可以调节气候。假如一个地区遭受干旱，一个地区遭遇水涝，此时若利用属灵通道将雨云转移到干旱地区，可以同时解决两个地区所面临的问题。

使雨降在以色列，解除长久干旱的事件，就是代表性的例子。2009年9月，筹备以色列盛会时，我曾为以色列的旱情做了祷告。以色列最近五年间饱受严重旱灾的煎熬。以色列牧会者们告诉我这一消息，并请求我为此代祷。

当然，若要靠祷告解决整个国家所面临的问题，必须要具备合乎公义的条件。须有国家总统或首长级的人物亲自请求祷告，或者大多数国民凭着信心请求祷告时才能得到应允。然而，我带着焦急的心情，在盛会第一天和第二天尽心恳切地为"降下透雨解除以色列严重旱情"而向神呼求。

其结果如何呢？以色列的气候，旱季和雨季分明。9月正值旱季，降雨是极为罕见的。10月开始略有降雨，到了12月才正式进入雨季，直至2月份进入尾声。当时以色列因持续不断的干旱，加利利湖的水位降至低于取水极限（lower red line负208米）。

但以色列盛会结束后的次日，以色列北部地区下了一场雨。而且9月13日主日，耶路撒冷和特拉维夫地区下了很多雨。当地的牧会者们说这是神垂听了我的祷告所降下的雨，并将荣耀归给了全能的神。不仅如此，那下一周接着下了很多雨，以致9月20日以色列水资源机构发表声明说："两天的降雨量相当于9月和10月平均降雨的总量"。从公义的角度看，这本是不可能的事。但神垂听了超乎公义的爱的祷告，降下透雨，解除干旱。

地球村每年都有巨大台风灾害频频发生。但若利用属灵通道，将台风转移到没有人烟的地方，就会高枕无忧了。

这是2001年9月在菲律宾马尼拉盛会时发生的事件。当时第16号台风"百合"和第19号台风"利其马"正向菲律宾逼近。按照所预报的台风路径，露天聚会是不能举行了。聚会前的记者招待会上有一位记者提问："两个台风正向这里袭来，聚会还能正常举行吗？"

我回答说："正袭来的台风定会消灭，或者转移方向。你们将会看到聚会期间非但不会有台风，也不会降雨。"果然台风"百合"中途消灭；台风"利其马"则急转路径，我们通过当地的新闻报道听到这一消息。聚会自然在风和日丽的天气中进行。

通过神的空间，不仅可以对付台风，还可以防止火山爆发或地震等天灾。只要将火山区或地震震源区用神的空间包裹，就可以彻底防止灾害。但若要显现这种功效，必须要符合神的公义。例如：想要预防大的举国性灾难，原则上要由国家元首发出祷告邀请，这样才会合乎公义。另外，这些地方即使被神的空间包裹，但第一层天的公义也是不能忽视的。就会在神的空间收回时不至于给第一层天造成混乱的范围内调节强度。因为神统治诸天，乃是本着慈爱与公义。

超乎公义的爱之境界

创世记18章记载：由于所多玛和蛾摩拉城已是恶贯满盈，神就将要行的事指示亚伯拉罕，并应允亚伯拉罕恳求的情形。

> "耶和华说：'所多玛和蛾摩拉的罪恶甚重，声闻于我。我现在要下去，察看他们所行的，果然尽像那达到我耳中的声音一样吗？若是不然，我也必知道。'"（创世记18章20节-21节）

神知道所多玛和蛾摩拉城里住着亚伯拉罕的侄儿罗得，便记念亚伯拉罕，把将要行的事告诉亚伯拉罕。这里蕴含着神这样的慈心：按公义的法则，所多玛和蛾摩拉必然受审判。然而，神不肯立即倾覆他们，而愿意多给他们一次可以免受审判的机会。这就是神的慈爱，也是神的公义。

亚伯拉罕得知此事，一连五次为所多玛城向神恳求。起初他求神允诺，那城中若有五十个义人，神就转意不灭他们，接着依次求四十五人，四十人，三十，二十人，最终求到十人。

> "亚伯拉罕说：'求主不要动怒，我再说这一次，假若在那里见有十个呢？'他说：'为这十个的缘故，我也不毁灭那城。'"（创世记18章32节）

作为一个受造之物，居然敢在至圣的神面前提出这样的请求，这表明亚伯拉罕已模成主的心肠，与神合而为一。亚伯拉罕为了打动神的心，挽救注定灭亡的众人，以迫切的爱心向神恳求，神于是动了慈心，允诺要接纳他的请求。

神凡事在不超越公义之限度的范围内，本着慈爱行事。于是当祂要审判所多玛和蛾摩拉地的时候，也愿意施怜恤与恩慈给他们，便垂听义人亚伯拉罕的恳求，以超乎公义的慈爱，将机会赐给他们。

所多玛和蛾摩拉虽因没有十个义人，最终遭到了审判，但亚伯拉罕的侄儿罗得和其家眷还是得到了拯救。原因在于：罗得归属神所爱的仆人亚伯拉罕的空间。亦即神因甚喜爱亚伯拉罕的缘故，使罗得和其家人得蒙属灵空间的保护。

总之，在神的空间里，一切都在神的慈爱和公义中得到协调。像似没有公义的界限，但绝不违背公义。若要彰显这一空间的功效，必须成就与第四层天的公义相称的心。当我们的心与神的心完全合一时，就能在不违反第四层天之公义的原则内，超越公义的限度，彰显神的大能。

关键是怎样成就与神的心合一的心。为达到这种境界，人必须要本着信心与爱心完美通过超乎人想象的巨大熬炼。直到悟透第四层天的公义，得以运用神的空间，人必须要付出相应的代价，通过切身经历，充足公义的要求。

亚伯拉罕直至得称为神的朋友，经受了诸多熬炼和试验。亚伯拉罕75岁那年，神向他应许要藉着他的后裔成就一大族群。可是20多年过去了，亚伯拉罕仍是无子。但到了他99岁，其妻89岁，身躯老迈，怀胎生子完全无望之时，神才告诉亚伯拉罕：来年必得一子。

照人的想法，这简直是异想天开的事。然而亚伯拉罕仍然坚信神的应许必定实现。神就认定他的信心并算此为他的义，最终照着他的信心成全他得子，名叫以撒。谁知当亚伯拉罕爱如眼中瞳人的儿子以撒渐渐长大，到了最招人喜爱的年龄时，神又吩咐他把这爱子作为燔祭献给神。因为神已经向他应许通过以撒赐许多子孙，所以他相信：即使将以撒献为燔祭，神也必然叫以撒复活。因为亚伯拉罕实在敬畏神，便毫不犹豫地将独生爱子献给神。

这样，亚伯拉罕通过了一切熬炼，神便称他为"神的朋友"，并立他为"信心之父"。亚伯拉罕通过了"献独生子以撒"这最后一场试验之后，得到了子孙满堂、健康长寿、资材丰盛等人间一切美福。

神如今也在寻找像亚伯拉罕一样蒙神赐福，通过信心与爱心的恳求，将许多灵魂引入救恩之路的真正的儿女。神藉着祂自己的空间彰显创造的大能，掌管生死的权柄、超越时空的功效，乃也是为了获得模成祂圣洁之心的真儿女。

> "耶和华说：'我所要作的事岂可瞒着亚伯拉罕呢？亚伯拉罕必要成为强大的国，地上的万国都必因他得福。我眷顾他，为要叫他吩咐他的众子和他的眷属遵守我的道，秉公行义，使我所应许亚伯拉罕的话都成就了。'"（创世记18章17节-19节）

我们只要明白如上讲述的神空间的基本原理，就能深悟《圣经》上诸多事件深藏着的奥秘，并在我们生命中经历到神奇妙的作为。"但圣灵降临在你们身上，你们就必得着能力；并要在耶路撒冷、犹太全地和撒玛利亚，直到地极，作我的见证。"（使徒行传1章8节）。

使我们领受圣灵，得着权能，作主见证的捷径是什么？就是打造圣洁的心，火热地祷告，成为全灵的人，得以运用神的空间。但愿各位进而使神的公义和慈爱完全成形在心里，得进荣美的天国新耶路撒冷，甚至可以承受神的空间，成为满有福气的基督徒。

神的形像

我们若模成神的心，成为神真正的儿女，就可以恢复神的形像。
但人无法完全与神相似。神可以无形的状态存在，
也可以光的形式存在，也可以具体的形像存在。

神为耕作人类具备形像

照着神的形像所造的人

因不能亲眼得见神的面

神形像的大小

使徒约翰所看见的神的形像

得与神的性情有份

"**神**的形像如何？神形像有多大？"。

当我们接待耶稣基督，领受所赐的圣灵，渐渐认识神的属性的时候，了解神的国度——天国，乃至神形像的愿望也随之加深。就像儿女与父母相隔遥远，思念之情日益加深一样，随着我们灵命的增长，内心深处对创造主神的渴慕之心也会相应加深。

马太福音5章8节说："清心的人有福了，因为他们必得见神。""清心"是指远离荒诞之事，在真理里面清净纯洁的心。是毫无罪恶，毫无不敬之念，不喜欢不义的无瑕疵、无玷污的良善之心。经上说"清心的人必得见神"是什么意思呢？这并不是指人可以看见神的本体，乃是指凡向神所求的都蒙应允，经历神的同在。

但并不是说神的形像绝对不能见，而是不能亲眼得见神的面（出埃及记33章20节）。因为不能亲眼看见神的缘故，我们无法完全了解神的形像。经上记载说神造人是照着祂自己的形像，于是我们可以推想神的形像可能与我们人类有所类似。但这只是依据神在《圣经》上所启示的有关祂自己形像的描述，凭着主观去感悟和

神的形像

想象罢了。那么，神的形像到底如何呢？

神为耕作人类具备形像

神是自由永有的完全者（出埃及记3章14节）。《圣经》上论及神的元始时提到"太初"或"起初"一词，是因为人的知识有限，认为凡事都有开头。

"太初有道，道与神同在，道就是神。"（约翰福音1章1节）

"起初神创造天地。"（创世记1章1节）

神创造天地万物的同时也创造了人类，因此创世记所讲的"起初"是与人有关，而约翰福音1章所提到的"太初"则是与人无关，乃是指久远的创世以前。

太初，神存在的空间是我们眼看不见的属灵的世界。神以炫丽璀璨的光存在，运行在整个宇宙空间中，独自治理一切。然而，神既有神性也有人性，故立定了旨在获得真儿女的耕作人类的计划，并开始以圣父、圣子、圣灵——三位一体的形式存在。

正是这个时候，神具备了形像。正如创世记1章26节所记："神说：'我们要照着我们的形像，按着我们的样式造人……'"，神就是以与我们相似的形像存在。当然其形像并非像人是肉体的形状，乃是本为灵的神为了将自己用形像显现出来而具有的一种属灵的形体。天使、天兵或基路伯也是灵性的存在，它们各有特定的形体，同样，神也是从没有一定形态的存在方式转化为有具体形像的存在方式。

为我们人类具备形像的三位一体的神，在创造耕作人类的基地——地球的时候，亲自降临到这地上。先察看并考究将来地球需要什么，又怎样造就它们，然后开始创造天地万物。

照着神的形像所造的人

三位一体的神在创世第六天照着祂自己的形像和样式造了人。这不仅仅意味着其外形造得像神，也意味着其心也是照着神圣洁的心造的。

首先的人亚当悖逆神之后，人丧失了受造之初的形像，渐渐被罪恶所沾染。亚当丧失了神的形像，并不意味着亚当失去了原有的面貌，乃是意味着丧失了神的属性，即圣洁的馨香。人是以灵、魂、肉的结构受造，但因罪的工价，灵遭致死亡，便无异于受造成只有魂和肉的兽类。

到了时候，神将耶稣差遣到这地上，为全人类敞开了救恩之路。从而，凡接待耶稣基督为救主的人，都能领受所赐的圣灵，死灵得以重生，便可以恢复神的形像。圣洁的神切愿祂自己的儿女们都能效法祂的心。故勉励我们说："你们要圣洁，因为我是圣洁的。"（彼得前书1章16节）。

神不以外貌取人，而看人的内心。我们只要"与罪相争，抵挡到流血的地步",将各样的罪恶除去净尽,就可以成为神的真儿女。随着效法神的程度加深,就可以相应恢复神的形像,灵体就会发出逐渐强烈的光彩。

约翰一书5章18节说:"我们知道凡从神生的,必不犯罪,从神生的,必保守自己(有古卷作"那从神生的必保护他"),那恶者也就无法害他。"单单遵行神的道而不犯罪的人,必蒙神的保守,因他所发出的灵光,会使仇敌魔鬼、撒但战兢恐惧,不敢靠近。

神创造世界并造人的目的,乃是要得到模成祂自己形像的儿女们。然而,创世以来并非所有的人都成就了神的形像。亚当到了地球以后无数的人降生于世,但其中成就合神心意之心灵者实属极少数。他们时刻与神同行,活出神的荣耀。行超乎人想象的权能,使神降火显应的以利亚;将自己的独生爱子以撒献给神的信心之父亚伯拉罕;以舍命的爱,满腔的热忱为主尽忠的使徒保罗……每当有这样的神人出现时,神的心会是多么喜悦!

反之,为神的国效力的人当中也有未及真正神人的。例如:以利沙先知虽在以利亚身边受教、受熏陶,并且得到了比以利亚加倍的灵感。然而他的心没有像以利亚那样完全(列王纪下2章24节)。当一群孩童穷追不舍地戏弄和嘲笑他时,以利沙忍不住就咒诅了他们。于是"有两个母熊从林中出来,撕裂他们中间四十二个童子"。论到罗得,他与亚伯拉罕常年同住,亲眼目睹亚伯拉罕的善行美德,但他却没有成就那样的全善之心。虽因亚伯拉罕的缘故,在物质上得到丰盛的祝福,且脱离险境,保全性命,但他并没有打造完美的心境。

当然以利沙也在当世尊为"神人",因为他行了很多惊人的权能。但这只是百姓因他行神迹的缘故,尊敬他并称他为神人而已。名副其实的神人,就是成就无瑕疵、无玷污的圣洁心灵,全然恢复神形像的人,并不是一时成为成就神圣工之器皿的人。

因不能亲眼得见神的面

自亚当犯罪以来,在第一层天,没有一人可以亲眼得见神的面,因为神就是光。神又是灵,因此人靠肉眼是看不见神的。再者有罪的人看见神,无一能存活。正如出埃及记33章20节所说"你不能看见我的面,因为人见我的面不能存活。"

不曾经历死亡而活活被提的以利亚,也未能亲眼得见神。列王纪上19章12节-13节记载:"地震后有火,耶和华也不在火中;火后有微小的声音。以利亚听见,就用外衣蒙上脸,出来站在洞口。有声音向他说:'以利亚啊,你在这里作什么?'"以利亚虽听见神微小的声音,却也不敢仰视神,而用外衣蒙上了脸。

士师记13章22节记载:参孙的父亲玛挪亚,就是看见了神的使者,也对妻子说:"我们必要死,因为看见了神。"以赛亚先知也曾表示:"那时我说:'祸哉!我灭亡了!因为我是嘴唇不洁的人,又住在嘴唇不洁的民中;又因我眼见大君王万军之耶和华。'"(以赛亚书6章5节)甚至人们冒犯归神为圣的场所或物件,或者触犯神所定的规矩,也必被治死。《圣经》记载伯示麦人因擅观耶和华的约柜而遭击杀的事件（撒母耳记上6章19节）。

人亲眼看见神的面，就必死亡，于是神以间接的方式将祂自己显现于人。有时从荆棘里火焰中向人显现；有时从火中、云中向人显现。有时以红海分开，日头和月亮止住等奇事，有时以瞎子看见、聋子听见、哑巴开口、死人复活等神迹向人显现。而且神通过耶稣来显现并见证自己的形像。

> "爱子是那不能看见之神的像，是首生的，在一切被造的以先。"（歌罗西书1章15节）

> "他不是那光，乃是要为光作见证。"（约翰福音1章8节）

> "……人看见了我，就是看见了父，你怎么说'将父显给我们看'呢？"（约翰福音14章9节）

当今世界有很多人虽然口称信神，却没有真正了解神是怎样的一位神、祂的情怀和意旨如何。"我所信的神是如何如何的神"——他们对神的信仰只局限在主观的信仰框框中，如同坐井观天的青蛙，认为世界只有井口那么大。正由于这样，他们无法与神建立更深层的爱的交流，反而看见蒙神大爱的人就觉得离奇。

耶稣是不能看见之神的形像

那么，耶稣为何说"人看见了我，就是看见了父"呢？因为耶稣在父神里面，神在耶稣里面，耶稣和神乃是全然合一。因此耶稣说祂自己所说的话并不是凭着自己说的，乃是住在祂里面的父对祂说的。

"因为我没有凭着自己讲，惟有差我来的父已经给我命令，叫我说什么，讲什么。我也知道他的命令就是永生。故此，我所讲的话正是照着父对我所说的。"（约翰福音12章49节-50节）

"有许多人到他那里，带着瘸子、瞎子、哑巴、有残疾的和好些别的病人，都放在他脚前。他就治好了他们。甚至众人都希奇，因为看见哑巴说话，残疾的痊愈，瘸子行走，瞎子看见，他们就归荣耀给以色列的神。"（马太福音15章30节-31节）

如经上所记，耶稣藉着道见证父神，神就用奇事、神迹和异能随着耶稣，证实祂的全知全能。于是跟随耶稣的众人，自然而然看见神的大能，并将荣耀归给全能的神。然而许多人仍旧不信，背离耶稣，偏行己路。因为他们觉得耶稣的话不合自己的心意，所以看见了惊人的神迹，也未能心里相信。

耶稣因与父神全然合一，便可以走完艰难的十架道路，完成父神对人类的救赎旨意。因为祂以父神的心为心，惟愿万众罪人都得拯救，不愿一人沉沦，所以能够甘心走那苦难之路。而且祂甘心乐意奉神的意旨将自己献作挽回祭，完成救赎的工作。因此无论怎样令人胆颤的狭路险径，耶稣也能够坦然无惧地前往。

不可制造神形像的缘由

出埃及记3章记载神从荆棘里火焰中呼召摩西。并指示他把在埃及服苦役的以色列民引入应许之地迦南。那么神为何从荆棘里火焰中向摩西显现呢？

荆棘树上着了火，树理应被烧毁。但荆棘被火烧着，却没有烧毁，着实是件奇异的事。神借此向人启示有永不朽坏之属灵世界存在的事实。就是通过灵与肉的对比，揭晓永恒的世界，显明祂自己是昔在永在而大有能力的神。

自古以来荆棘树象征咒诅，因此神的使者从荆棘里火焰中显现所代表的另一层意义是：受咒诅的荆棘树也在神的掌控之中，亦即仇敌魔鬼、撒但也服在神的主权之下。通过四十年的熬炼，摩西成为合神使用的器皿，神便将他呼召，立为以色列百姓的领袖。

后来，神在何烈山从火焰中向以色列百姓显现，然而他们只听见声音，却没有看见形像。后来，神重提此事，再三强调人不可为祂制造任何形像。

"所以你们要分外谨慎，因为耶和华在何烈山从火中对你们说话的那日，你们没有看见什么形像。惟恐你们败坏自己，雕刻偶像，仿佛什么男像女像，或地上走兽的像，或空中飞鸟的像。或地上爬物的像，或地底下水中鱼的像。
又恐怕你向天举目观看，见耶和华你的神为天下万民所摆
列的日、月、星，就是天上的万象，自己便被勾引敬拜侍奉
它。"（申命记4章15节-19节）

神如此说的原因是什么呢？人是以特定的形像所造，故有愿意
将神以特定的形像表现出来的本性。于是神担忧人造神的形像，会
照自己有限的思维模式，歪曲地表现出神的灵的本质。人所造出的
神的形像，非但对人了解神毫无帮助，反而使人被假像所迷惑，看
不见神真实的形像。这将导致崇拜神所憎恶之偶像的结果。

神是灵，人怎能以具体的形像去将祂表现出来呢？因此，当摩
西恳求神给他看见神的形像时，对摩西承诺：要显祂一切的恩慈
来代替给他看见神的面。

就像水遇低温可以结成冰，遇高温加热可以变成水蒸气一
样，神按照人不同的属性，以各种方式向人显现祂自己，旨在使那
些活在有限的肉体中的人，能够了解本为灵的神。神虽以各种方式
向人显现，但神的本质是不变的。

神形像的大小

《圣经》多处记载有关神的肢体的描述，如："主的眼目"（参
考列王纪上8章29节）；"耳朵"（尼希米记1章6节）；"手"（以赛

亚书65章2节）等等，难道这些都只是象征性的形容吗？并非如此。

神具有分明的实体，并非没有形像如同一个虚无的空间。神与我们的区别是：我们具有的形像是以灵、魂、肉所构成；神的形像则是灵本身的形像，没有"肉"。神的形像是光本身的形像，极为灿烂，是人不能亲眼看见的。神的形像是从真理本身自成的形像，跟首先的人亚当的形像判然有别——亚当是先有了受造的形像，然后将真理填充其中。

或有人想象神是以巨大的形像存在，因为神是浩瀚宇宙的创造者，又是天地万物的掌管者。的确，神具有巨大的形像，但祂会随时自由地变换自己的形像。因此，人不能企图按照人的形像去理解神的形像。

我们即使到了天国，也会与神存在根本上的差异。人虽然在天上具有灵体，但这灵体是在世受过耕作的灵体。亦即人在天国的形像是固定不变的，不像神既可以以无形的状态存在，也可以以具体的形像存在，还可以以其他的形像存在。就像我们造石膏像，用其材料可以随意造出任何形像，但已造好的塑像则无法恢复到原来状态一样。

神可以以无形的光的形式存在，也可以以具体的形像存在。神在第四层天的时候，一般不以具体的形像存在，而以光和声音的样式存在，但与先知们同在的时候，或降临第三层天，亦即天国的时候，会以具体的形像存在。总之，该具有形像的时候，神就以具体的形像存在；无需具有形像的时候，就以无形的状态存在，并且可以随意调节自己形像的规模。

　　例如：在第四层天，物质的状态不固定在固体、液体、气体等某一状态，而可以按照拥有那空间之神的意愿，自由地变换和更替。因此神虽然原以无形的、光和声音的样式存在，但降至第三层天的时候，就具备具体的形像。

　　神就是照着这一形像造了亚当，这个形像又是我们将来到天国后所将看见的神的形像。不过神同样的一个形像，在第四层天和第三层天各有分别。神的形像所显出的光辉、荣耀、威严等一切，会按照维度空间的不同而有所差异。

　　为了便于理解，打一个比方：一个精工细磨而成的精美水晶块儿，按照直射光照和背景的不同而呈现不同的观赏效果。同样，住在第四层天的元本之神，在低端的维度空间中呈现不同的荣光和面貌。在属灵的空间尚且如此，何况降临这属肉空间——第一层天的时候呢？只能呈现极大的差距。

　　不仅如此，在属肉的空间里打开属灵的空间，看见其中的神的形像和完全披上属肉空间而降临的形像是截然不同的。天国的先知或天使，不能自披属肉的空间，因此即使出现在属肉的空间里，也是依旧被属灵的空间包裹着。然而，神作为一切空间的创造主，可以随心所愿披上任何一种空间。祂可以在披上属灵空间的状态下降临在属肉的空间，也可以遵循属肉空间的限度，以人眼可见的形像显现。

通过属灵通道显现的神

《圣经》多处记载神在耕作人类的进程中亲自降临这地上的情形。那么神是怎样降临这地上呢？

"耶和华降临，要看看世人所建造的城和塔。"（创世记11章5节）

"西奈全山冒烟，因为耶和华在火中降于山上，山的烟气上腾，如烧窑一般，遍山大大地震动。"（出埃及记19章18节）

"耶和华在云中降临，对摩西说话，把降与他身上的灵分赐那七十个长老，灵停在他们身上的时候，他们就受感说话，以后却没有再说。"（民数记11章25节）

神不受时间流速的限制，再者肉与灵的一切空间都是属于神的空间。尽管如此，神降临这地上的时候还是利用了属灵的通道。神降临地上本不需要利用属灵的通道，但仍采取这种方式，是为了不违反公义的法则。

神虽亲自降临，但当时那些属肉的人是无法得见神的面。不过开启灵眼，与神深交，灵里进进的人可以得见神。就算不能面对面见神的形像，也可以在神所许可的范围内得见神并感受神的同在。

出埃及记33章11节所说"耶和华与摩西面对面说话，好像人与朋友说话一般"，也不是摩西亲眼得见神面的意思。意指神以特殊的方式向摩西显现，使他虽然亲眼得见神的荣光也不死。因为摩西"谦和胜过世上的众人"，在神的全家尽忠。

出埃及记33章18节里摩西向神恳求说："求你显出你的荣耀给我看。"神就对他说："我要显我一切的恩慈，在你面前经过，宣告我的名。"但从出埃及记33章23节所记载的内容可以得知，摩西并没有亲眼得见神的面，只是得见了神的背。即使是谦和胜过世上的众人，在神的全家尽忠的摩西，也因披戴有限肉身的缘故，无法亲眼得见神的形像。

向亚伯拉罕显现的神

从创世记18章中我们可以读到亚伯拉罕迎接三人，竭诚款待的情形。这三位原是圣灵神与两位天使长化作人形降临人间。圣灵神与父神原为一，因此可以随心所愿披裹属肉的空间，变成人的模样显现。

那么与圣灵同行的两位天使长是怎样以人的形像出现呢？它们虽不能自行披上属肉的空间，但因在圣灵神的空间，与圣灵同在，便得以具有人的形状。然而这两位天使长虽与圣灵神一样，以人的形状出现，但与人是有区别的——其形像乃是灵体穿上属肉的形体所呈现的，灵体便可以在属肉的空间显而易见。

而且那"三个人"，即圣灵神与两位天使长吃了亚伯拉罕所奉上的美食（创世记18章8节），但其吃法和人的吃法是不同的。我们需要经过咀嚼食物，运到消化器官进行消化的过程，但他们却是不同：食物吃完就会分解消散。类似于复活的主享用食物之后通过呼吸将其分解的情形。当然这三位披上属肉的空间所暂时呈现的形体不同于复活体。复活体乃是由曾在地上受耕作的身体所变成的灵性的身体，然而这三位只是按需暂时穿上了适合于属肉空间的身体。

圣灵神之所以携同两位天使长以披戴属肉空间的状态降于地上，是因为祂要亲眼察看所多玛和蛾摩拉地的情况。虽然可以以灵降世察看，但因有亲临现场，与所多玛和蛾摩拉地的居民接触的必要，便以人的形像降临人间。

由于两位天使长以人的形状出现在人们眼前，便可以确认他们悖逆的程度。他们看见以人形现身的两位天使长，企图要在它们身上行恶。就是通过这种亲临现场实地考察，得以亲身经历并感受那地的居民恶贯满盈的程度。

创世记18章13节出现这样一种描述"耶和华对亚伯拉罕说"，从中我们可以得知向亚伯拉罕显现的就是耶和华神。尽管如此，经上还要记载亚伯拉罕见到"三个人"，是要揭晓神向亚伯拉罕显现时以何种方式和样式显现。

神曾经向亚伯拉罕显现的时候采取了各种方式；或通过异梦和异象，或通过声音。这是神给住在属肉空间的亚伯拉罕打开属灵的空间，使他藉着灵性得见并感受住在属灵空间的神。在这种情形下，人只有打开灵眼和灵耳，才能经历神，并听到神的声音，否则人即使与亚伯拉罕同在一处，也对所发生的属灵现象毫无察觉。

然而，神这次与两位天使长显现于地上的状况，乃与以前截然不同，是神亲临属肉的空间。这与在属肉的空间中打开属灵的空间，使人看见其中显现之神的形像，是截然不同的状况。此时，神罕见地披上属肉的空间，出现在属肉的空间。

这就如以前是通过电视画面看见神的形像，这次是亲眼看见来到现实中的神的形像。当神披上有限的属肉空间而显现，没有开启灵眼的人也能看见神的形像，如同看见人的形像一样。

强烈光彩中的主的形像

那么，圣子神——主是怎样的形像呢？我们常听见有人说在梦中或在异象中看到主的形像。大多数人说主的形像满有恩典和慈爱。这是由于主将光收回，以人子的形像显现。主具有与创造主神同等的权柄，主若以充满神性、权柄和威严形像显现，则无人敢于仰面正视。

我们在地若不追求与众人和睦，追求圣洁，在天就无法得见主面的原因就在于此（希伯来书12章14节）。主的光极为强烈。唯独进入灵或全灵的人才能得见主，因为他们灵体的光也是很强烈的。

使徒约翰开启了灵眼，在异象中得见主的形像。他在《圣经》中细腻描述主的眼目、双脚、头发等部位，借此我们可以感悟到父神形像的细节。

"他的头与发皆白，如白羊毛，如雪，眼目如同火焰，脚好像在炉中锻炼光明的铜，声音如同众水的声音。"（启示录

1章14节-15节）

　　这里将主的头发描述为纯白色，这表示主毫无邪恶，住在完全的善中。又说"眼目如同火焰"，这并非表示主的眼目令人畏惧，乃是包含着照亮黑暗，给人温暖，烧毁全恶的意义。主的眼目遍察全地，无人能躲得过，在主面前一切都是尽显无遗的。

　　又论到主的脚说"好像在炉中锻炼光明的铜"。铜经过炉炼，去净杂质，就变得纯净。文学作品中常见将心爱女人的眼睛比作闪亮的星星，或将嘴唇比作鲜红的樱桃。将主纯净无瑕的脚比作"炉中锻炼光明的铜"也是一种比喻。脚被认为是人体中最脏的部位之一。然而主，连脚也是圣洁无暇，格调高雅。"他右手拿着七星，从他口中出来一把两刃的利剑，面貌如同烈日放光。我一看见，就仆倒在他脚前，像死了一样。他用右手按着我说：'不要惧怕! 我是首先的，我是末后的，'"（启示录1章16节-17节）。

　　使徒约翰虽是一个配蒙神启示的圣洁无暇、合神心意的人，然而在主面前他却像死了一样。主用右手按着约翰说："不要惧怕。"右手代表主的能力，主用右手按约翰授予印记，将记录启示录圣言、唤醒末时灵魂的重大使命托付与他。这也是主对约翰的一种安慰，使他能够以平安的心去担当所托付的使命。

使徒约翰所看见的神的形像

　　启示录第4章记载使徒约翰的灵看见将来在神的宝座周围所

要展现的情景。这是离他当时记录启示录的时代久远的将来要显现的事。就这样，只要神许可，我们就可以超越时空自由穿梭于过去与未来的情景之间。非但能看见天国和地狱，还可以看见创世以前的光景，也可以看见白色大宝座审判的情形。

使徒约翰游历属灵的世界，乃是藉着分离的灵。"灵分离"是指灵从身体中分离的现象。人可以通过看异象的恩赐看见属灵的世界，但所看见的只是部分而已，因此神有时通过使人的灵与身体分离的方式，给人看见整体的情景。

那么，使徒约翰是怎样看见神的宝座和神的形像呢？

他直至90多岁，为了主名的缘故受了许多逼迫与试炼。曾被判处死刑，被扔进烧着的油锅，却在神的旨意中奇迹般地生还，被流放到拔摩海岛。当时的使徒约翰通过许多熬炼和与神深交的祷告，恶尽离弃，成为圣洁。因为在这样成圣的状态下领受主的启示，他的灵便可以到神的宝座前，看见那里的情形。

"看那坐着的，好像碧玉和红宝石，又有虹围着宝座，好像绿宝石。"（启示录4章3节）

在神特殊的旨意下，约翰看见神的宝座和神的形像，但未能仔细看见神的面容。因为从神发出的光辉极为强烈。烈日阳光耀人眼目，人无法看清其面貌，这在灵里也相仿，心中存有黑暗的人是无法得见神的形像的。若要看见神的形像，人必须要除去一切罪恶，模成神的心，成为完全的光。在天国，人至少进入第三层天国，才能得见神的形像。使徒约翰的灵来到神的宝座前，但无法清晰得见神的面容，故形容为"看那坐着的，好像碧玉和红宝石"。

"好像碧玉"是表示神所发出的光辉缤纷多样。从神的身上发出各种奇妙光彩，如同碧玉经过光的照射，散发出各种美妙的光彩一样。"好像碧玉"乃是对这种情形的形容。碧玉所包含的意义是：清雅鲜艳、明净无暇、正直公义。使徒约翰就是拿这地上被认为是最珍贵而美丽的宝石作比方来说明神的形像。

约翰又以"好像红宝石"来形容神的形像，这是针对神如火焰般光辉灿烂的荣美形像所设的比喻。呈红光的红宝石中蕴含着住在神里面的圣灵之光彩。神与圣灵本为一体，故圣灵神所具有的光彩，也在圣父神的里面。因此，碧玉和红宝石的光辉是三位一体的神所共有的。

"虹"代表着约定（创世记9章12节-13节）。挪亚洪水事件之后，神象征性地将环绕祂宝座的虹向人显现，作为不再用水审判人类之约言的凭证。使徒约翰将围着神宝座的虹的形状和其中所发现的光辉比作绿宝石。就是照自己所具有的知识，将散发各种光彩的虹的形状比作绿宝石。

绿宝石所包含的意义是：神的信实、坚定、威武。以激光演绎秀为例，各种光彩瞬息万变，时而红光、绿光、白光交替轮流呈现，时而各种光彩纵横交错，互相交融，演绎出壮观场面。叫人描述这种场面，可能一人一套说法；有的可能只描述几样典型的光彩，有的可能尽量用最贴近的比喻来说明那华彩纷呈的奇妙景象。

使徒约翰看着从神发出的璀璨的光辉和围着神宝座的虹所散发的缤纷光彩，就拿自以为最贴近的宝石的比喻来形容这一情景。但天堂的荣美，是这世上任何美物、任何辞藻都不足以比拟和描述的。因此，我们感受神和神的宝座所辐射的光辉，不能拘泥于几样宝石的状貌，当凭着灵感去感受那绚丽多彩，光辉灿烂，奇妙无比的天上荣景。

得与神的性情有份

神以光里含着声音的样式存在的第四层天，是光度极强，色彩绚丽的无与伦比的荣美之地。充满于那空间的神元本之光的晶莹璀璨和明净透亮，是难以用这世界上的语言所形容的。进到那里，既可以看见神璀璨的光辉，又可以感受到神博大的心怀。然而，这个地方唯独极少数人才能进去，即在心灵、空间和维度上与神浑然合一的人经神的许可方能进去。若不够资格的人进入那空间，就是灵也会消散。

我们若成为光明之子，进入完全之光的境界，就会与神的心合而为一，以致心怀意愿所求皆成，行大权能显奇妙事，异乎寻常，超人想象。为此我们必须恢复曾经失去的神的形像，模成神的心。离弃各样恶事，进入全灵境界，成就完全的光。这样就可以与神深交，凡所求的都蒙应允，在天居于高端之位。

总之，人只要成就圣洁，模成神的心，就可以超越人的极限，运用神的空间，得见神的形像。摩西因谦和胜过世上的众人，在神的全家尽忠，便得以看见神的形像；亚伯拉罕因品行接近完全的光，便得以看见披戴肉身的形像而降临的神（创世记14章18节；创世记18章）。

创造主神立定了旨在获得真儿女的耕作人类之计划，照着祂奇妙的大能，已将一切关乎生命和虔敬的事赐给我们。故我们应当拥有真信心，尽心竭力灵里进深，不可在认识耶稣基督的事上偷懒，以至于不结果子。我们应当照着神的圣言"有了信心，又要加上德行；有了德行，又要加上知识；有了知识，又要加上节制；有了节制，又要加上忍耐；有了忍耐，又要加上虔敬；有了虔敬，又要加上爱弟兄的心；有了爱弟兄的心，又要加上爱众人的心"。当我们这样行的时候，才能使信仰根基牢固，与蒙神呼召的选民之身份相称。

> "神的神能已将一切关乎生命和虔敬的事赐给我们，皆因我们认识那用自己荣耀和美德召我们的主。因此，他已将又宝贵、又极大的应许赐给我们，叫我们既脱离世上从情欲来的败坏，就得与神的性情有份。"（彼得后书1章3节-4节）

"得与神的性情有份"，是指我们变成完全的光，能与神的光融为一体。这便是具备了进入神空间的资格。活出光明之道，以至接近神完全的光明，便是入那元本之神居住的空间，这就是"得与神的性情有份"所代表的意义。那么，我们当怎样行，才能得与神的性情又份呢？

第一，要打造完全的灵心。

若要与本为灵的神（约翰福音4章24节）心灵合一，必须成就完全的灵心。我们哪怕是残留一丝属黑暗的某种恶性，或肉体的意念和框框，也无法与神的性情有份。必须将各样的恶事除去净尽（帖撒罗尼迦前书5章22节），攻破一切肉体的意念（罗马书8章6节），方能成就灵心。

"成就灵心"是指打造完全的灵，以及成就合神心意的诚心。成就了灵心，我们方能体贴神和主以及圣灵的心愿。耶稣披戴肉身，降世为人，亲身经历饥饿、悲伤、疲乏和伤痛，一心遵行神的话语，以崇高的大爱完全了律法。

祂凭着和我们一样的血肉之躯，忍受一切苦痛，遵从神的旨意。祂从不争竞，从不喧嚷，彻底舍己，至死尽忠，完成神的旨意。故我们应当不以人的软弱为借口，速速离弃一切罪恶，行事为人圣洁虔诚，得与神的性情有份。

各位的心灵达到怎样的境界了？

前面提到为了进入光的空间当具备的资格，大家可以借此察验自己。只要查考以下几项，便可得知自己灵性程度：情欲的事、肉体的事等恶离弃了多少？有多少神所认定的真爱成形在心里？是否从内心里爱神，发出善的馨香之气？八福、圣灵的九种果子等结了多少？

以"和睦"为例，我们若能与所有的人和睦，便是成就了灵心，接近了主的光明，得与神的性情有份的明证。圣灵的九种果子、爱篇、八福、光明的果子等每样果子所结的程度均达到100%，才算是成就了完全的灵心。50%、60%还是尚未合格。

第二，凭着圣灵的感动恒切祷告。

人义务性的祷告是不能成为馨香蒙神悦纳。神希望我们带着迫切的心，为模成神圣洁的心而祷告。然而祷告的心态是因人而异的。有的人义务性地满足于充足了一天的祷告的量，有的人则本着爱神的心和切慕成圣的盼望热切地祷告，因觉得与神交通的时刻特别幸福，祷告的时间仿佛转瞬而过。

我们在属肉的空间接受耕作的同时，还要彰显属灵空间的事，为此我们必须领受来自属灵空间的神的能力与力量。因此神希望我们杜绝义务性的祷告，本着爱神的心，专心致志地祷告。

唯独穿过属肉的空间，开启属灵空间的属灵的祷告，才能使我们领受神的能力。所以我们祷告不能随自己的意思，或顺着私心杂念。这样的祷告是无法蒙神垂听，更无法打动神的心，因为在空中被拦截，无法穿过属肉的空间，终至归为虚空。假如儿女顺着私欲，为不正当的事强求父母，父母的心情会如何呢？一定会因那儿女伤心悲痛。

哥林多前书2章10节说："只有神藉着圣灵向我们显明了，因为圣灵参透万事，就是神深奥的事也参透了。"故我们祷告应当顺着我们里面的圣灵所赐的感动。只有这样，我们才能做合神心意的祷告，并能醒悟我们当行的事。因为与内住的圣灵合而为一，我们便能开启属灵空间的门，与住在属灵空间的神进行交通。

第三，要以仁爱与美德包容所有的人。

效法神心所打造的灵心，自然是爱德兼备的。但在此特意将爱与德分开来讲论的原因是什么呢？因为我们要具备因着甚为爱神，能以仁爱与美德包容所有人的心怀。要成为满有爱心与德行的人，眷顾周边灰心沮丧的人和遭遇困境的人。神的心既广博无限，又无微不至——时常垂顾孤儿、寡妇、穷人、苦人的难处。

我们若能以这样的爱心，细致入微地照顾别人，以美好的德行造就众人，便是与神的性情有份。我们应当用神的道殷勤察验自己，使神的性情成形在我们里面。

前面提到，我们打造完全的光明之心，与神的性情有份，就可以进入光的空间，甚至可以进入神的空间。进入神的空间，我们可以看见那空间中的特殊光辉，并能感受到神宽广博大的心怀。不仅如此，我们的身体虽处在属肉的空间，但通过心里所拥有的神的空间，时常经历到奇妙而又神秘的事。

约翰一书1章5节说："神就是光，在他毫无黑暗。这是我们从主所听见，又报给你们的信息。"我们若住在神完全的光明中，我们的心便与神的心合而为一，于是只要心怀意愿事便成就，能行超乎人想象的大权能。奉主耶稣基督的圣名祝愿广大读者，能够具备这样的资格，在地得享亚伯拉罕曾经得享的一切美福，在永恒的光的空间——天国，得居最为荣耀之所。

灵魂肉 下
Spirit, Soul and Body II

本书所引圣经经文取自《现代标点和合本》

作　　者: 李载禄
编　　辑: 宾锦善
设　　计: 乌陵出版社设计组
发　　行: 乌陵出版社（发行人: 宾圣男）
印　　刷: 艺源印刷厂
出版日期: 2010年 6月初版（韩国，乌陵出版社，韩国语）
　　　　　2013年 3月初版（韩国，乌陵出版社）

问 讯 处: 乌陵出版社
电　　话: 82-2-837-7632 / 82-70-8240-2072
传　　真: 82-2-869-1537
E-mail: urimbook@hotmail.com

"乌陵"是旧约时代的大祭司为了求问神的旨意而使用的决断的胸牌，希伯来原意为"光"（出埃及记
28章30节）。"光"代表着将我们引入生命的神的话语，因此"乌陵"也是代表着本为光的神。乌陵
出版社为了用真光照亮整个世界，如今正在以祷告和赤诚，奔跑在文书宣教的前沿。